中等职业教育
改革创新
系列教材

FINANCIAL ACCOUNTING

杨华
主编

宋志强
副主编

财务数据分析
微课版

人民邮电出版社
北京

图书在版编目（CIP）数据

财务数据分析：微课版 / 杨华主编. -- 北京：人民邮电出版社，2024. --（中等职业教育改革创新系列教材）. -- ISBN 978-7-115-64777-1

Ⅰ. F275

中国国家版本馆 CIP 数据核字第 20242AU098 号

内 容 提 要

本书根据财务数据分析岗位工作实践编写而成，不仅涵盖了财务数据分析岗位人员应具备的基础理论知识，而且详细介绍了具体的操作流程和处理方法。本书包括财务数据与电子表格软件 Excel、工作簿和工作表、数据输入和获取、数据处理、数据可视化、数据可视化看板 6 个项目。

本书以财务数据分析岗位工作流程为导向，按照实际工作需要开展项目式教学，每个项目划分为若干个任务，并且项目一至项目五均由知识目标、能力目标、素质目标、情景导入、知识学习、任务实训、思维导图、巩固提升、学习评价等栏目组成。本书提供的操作数据，均根据真实企业的财务数据改编，具有较高的参考价值。

本书可作为中等职业院校会计事务专业学生的教材，也可作为财务人员借助 Excel 进行数据可视化分析的参考书，还可供相关财会人员、技术人员参考、学习和培训使用。

◆ 主　编　杨　华
　　副主编　宋志强
　　责任编辑　刘　尉
　　责任印制　王　郁　彭志环

◆ 人民邮电出版社出版发行　　北京市丰台区成寿寺路 11 号
　　邮编　100164　　电子邮件　315@ptpress.com.cn
　　网址　https://www.ptpress.com.cn
　　山东华立印务有限公司印刷

◆ 开本：787×1092　1/16
　　印张：12.25　　　　　　　　　　2024 年 8 月第 1 版
　　字数：195 千字　　　　　　　　 2024 年 8 月山东第 1 次印刷

定价：42.00 元

读者服务热线：(010)81055256　印装质量热线：(010)81055316
反盗版热线：(010)81055315
广告经营许可证：京东市监广登字 20170147 号

FOREWORD

//////////////////// 前　　言 ////////////////////

党的二十大报告中提出"全面贯彻党的教育方针，落实立德树人根本任务，培养德智体美劳全面发展的社会主义建设者和接班人"。《国家职业教育改革实施方案》提出"按照专业设置与产业需求对接、课程内容与职业标准对接、教学过程与生产过程对接的要求，完善中等、高等职业学校设置标准，规范职业院校设置"。《中等职业教育专业简介》（2022）将财务数据分析界定为专业核心课程，提出学生应"掌握财务数据分析的基本方法和常用分析工具，具有企业经营数据、财务报表数据分析并对数据分析结果进行可视化呈现的能力"。遵循国家政策指引和《中等职业教育专业简介》（2022），我们编写了本书。

本书将党的二十大精神与财务数据分析岗位的实际工作结合起来，在介绍财务数据与电子表格软件 Excel 的基础上，按财务数据分析流程，讲述财务数据分析理论与技能。在内容组织上，本书共分为以下 6 个项目。

项目一，财务数据与电子表格软件 Excel，介绍了数据和财务数据的基础知识，以及电子表格软件 Excel。

项目二，工作簿和工作表，介绍了电子表格文件——工作簿及用于存储和处理数据的主要文档（工作表）的基本操作。

项目三，数据输入和获取，介绍了如何在 Excel 工作表中输入数据以及如何获取 Web、文本数据。

项目四，数据处理，包括管理数据、计算数据、透视数据、转换数据和清洗数据等 5 项任务。

项目五，数据可视化，从描述性分析、对比分析、趋势分析、结构分析等多个角度介绍了 Excel 自带的 15 种可视化图表。

项目六，数据可视化看板，以一个综合案例，完整介绍了数据获取、数据处理和数据可视化的全流程。

本书有以下 5 个特色。

（1）结构新颖。采用"项目—任务式"结构，由 6 个项目、17 个任务构成，设有情景导入，引导学生对情景中的知识产生思考。

（2）栏目多元化。在编写体例上，项目一至项目五的每个任务都包括"知识学习"和"任务实训"等栏目，让学生一边学一边练；在正文中穿插"小贴士"，提示学生需要注意的问题；设计了"思维导图""巩固提升""学习评价"等栏目，便于学生理解项目内容，检测学习效果和对学习情况进行评价。

（3）融入素养教育。将党的二十大精神融入知识点，培养学生的大数据思维，培育执着专注、精益求精、一丝不苟、追求卓越的工匠精神。

（4）真实模拟。满足案例式教学需求，使用根据真实企业改编的财务数据资料，完成例题讲解和财务数据分析案例。

（5）配套微课。体现"互联网+教育"的智慧学习理念，学生用手机等终端设备扫描书中二维码，即可免费观看微课，实现移动学习。

本书提供了财务数据分析使用的各类 Excel 工作簿、课后习题答案，以及 PPT、教学大纲、题库练习软件等教辅资源，读者可自行通过人邮教育社区（www.ryjiaoyu.com）下载。

本书由淄博职业学院杨华任主编，淄博职业学院宋志强任副主编。项目一、项目二由宋志强编写，项目三、项目四由邢雯编写，项目五、项目六由杨华编写，杨华负责全书统稿工作，邢雯负责全书校对工作。在编写本书过程中，编者参考了国内多位专家、学者的著作，也参考了许多同行的相关教材和案例资料，在此对他们表示崇高的敬意和衷心的感谢！由于编者水平有限，书中难免存在不足之处，欢迎广大读者批评指正。

编　者
2024 年 5 月

CoNTENTs

////////// 目　录 //////////

项目五　数据可视化 ⋯⋯⋯ 139

项目六　数据可视化看板 ⋯⋯⋯ 173

项目一

财务数据与电子表格软件Excel

 知识目标

    1. 了解数据和信息，认识数据和信息的区别

    2. 熟悉大数据的含义及其特征

    3. 掌握财务大数据的含义，知晓财务大数据分析的常用方法和适用的软件

 能力目标

    1. 具备启动和退出 Excel 2016 的能力

    2. 具备灵活应用 Excel 2016 操作界面的能力

 素质目标

    1. 具有大数据思维，勇于迎接财务大数据带来的财务行业业务变化

    2. 形成爱岗敬业、扎实肯干的职业素养

任务 1 数据与财务数据

情景导入

随着移动互联网的快速普及和物联网技术的快速发展，全球的数据种类不断增多，数据总量以惊人的速度迅猛增长。IDC（国际数据公司）发布的 Global DataSphere 2022 显示，2021 年，全球数据总量达到 84.5ZB，预计到 2026 年，全球数据总量将达到 221.2ZB。各个国家都将大数据视为"未来的新石油"，将发展大数据战略上升为国家战略，大数据技术研究和应用快速发展，成为行业发展的加速器。

 ### 知识学习

1. 数据和信息

（1）数据

数据（data），是可以被记录和识别的一组有意义的符号，一般可通过原始的观察或度量得到。数据的形式有很多，不仅包括文字、数字、符号、图像、语音、视频，也包括对某个事物的属性、数量、位置、关系的抽象表示。大气的温湿度、汽车的行驶路线、学生的档案记录、商务合同等，这些都是数据。我们平时用电子设备看新闻、拍照片、买东西，本质上都是在和数据打交道。在计算机中，数据是一连串包含 0 和 1 的二进制数的组合。

（2）信息

信息（information），是由数据加工得来的，它可以由数字和文字表达，也可以表现为其他具有意义的符号，其承载形式不重要，重要的是信息能让我们了解一些事情、鉴别一些真伪、证明一些观点。也就是说，尽管数据的形式多种多样，但我们真正想要获得的是信息。无论是石头上刻的画、纸上写的字、墙上的涂鸦，还是计算机中的文件，只要它们能表达确切的含义，就属于信息。例如，随意给出 3 个数字：168、32、180。这 3 个数字仅仅是数据，现在给它们加上一些说明，如衣服的价格是 168 元，今天的气温是 32 摄氏度，小明爸爸的身高是 180 厘米。这些数据就有了明确的含义，就是信息。

（3）数据和信息的关系

数据和信息之间是相互联系的：数据是反映客观事物属性的记录，是信息的具体表现形式；数据经过加工处理之后，就成为信息，而信息一般需要经过数字化转换成为数据才能被存储和传输。

学思园地

民生之微，衣食住行；民生之大，关乎家国。党的二十大报告中提出"人均预期寿命增长到七十八点二岁。居民人均可支配收入从一万六千五百元增加到三万五千一百元。城镇新增就业年均一千三百万人以上……基本养老保险覆盖十亿四千万人，基本医疗保险参保率稳定在百分之九十五。……改造棚户区住房四千二百多万套，改造农村危房二千四百多万户"。这组民生数字，折射出新时代十年的非凡成就，大幅度提升了广大人民群众的获得感、幸福感、安全感。

2. 大数据和财务大数据

（1）大数据

大数据（big data），指的是数据体量达到一定的级别，而现有的算法和工具无法在合理的时间内给予处理的数据。它具有多样性、价值密度低、处理速度快，数据量大等特点。

我们使用迅雷下载电影，下载速度显示的 500KB/s，B 代表字节（byte），使用手机拍的一张照片的体量在几个 MB，一部电影的体量是几个 GB，购买的移动硬盘基本都是 TB 级的容量。而大数据的体量可以达到 PB、EB、ZB、YB、BB、NB 等级别，如表 1-1 所示。一般认为达到 PB 级别的数据才可以称为大数据，1PB 相当于美国国会图书馆藏书的所有内容之和，而 Google 每天都要处理 20PB 的数据。

表 1-1　数据单位及换算关系

数据单位	换算公式	数据单位	换算公式
B	1B = 8bit	EB	1EB = 1 024PB
KB	1KB = 1 024B	ZB	1ZB = 1 024 EB
MB	1MB = 1 024KB	YB	1YB = 1 024 ZB

续表

数据单位	换算公式	数据单位	换算公式
GB	1GB = 1 024MB	BB	1BB = 1 024 YB
TB	1TB = 1 024GB	NB	1NB = 1 024BB
PB	1PB = 1 024TB	DB	1DB = 1 024NB

（2）财务大数据

财务部门是企业中处理数据的部门，其积累的各种管理数据及数据组合就是财务大数据。随着财务管理工具和技术的发展，财务数据由票据、账本和档案等记录的纸质化管理，逐步转变为由计算机存储记录的电子化管理，再到现在的大数据化集成管理，财务数据的记录、保存、管理和开发应用更加便捷。

财务大数据分析，就是运用专门的技术和知识，使这些数据体现价值。财务大数据分析要遵循数据处理规则，综合运用多种统计分析方法及可视化工具，达到对数据的深层剖析，以支撑企业的各项战略决策。常用的分析方法有描述性分析、对比分析、趋势分析、结构分析等，专业的可视化工具如 Excel、Python、Power BI、SPSS、MATLAB、EViews 等。除了 Excel，其他工具的专业性和针对性较强，通常需要具备一定的数据编辑基础和数理统计知识。

 **学思园地**

大数据时代下财务领域的机遇与挑战并行，我们应该与时俱进，善用大数据技术带来的强大助力，让财务管理工作变得更加科学、高效，为实现企业健康发展做出贡献。

 任务实训

谈一谈你感受到的大数据在日常生活中的应用。

① 商业领域。大数据可以帮助企业更好地了解市场趋势和用户需求，从而为企业提供更好的商业决策。例如，某家公司可以通过分析用户的购买行为和偏好，为用户提供更加个性化的商品推荐，从而提高用户的购买率和忠诚度。

② 医疗领域。大数据可以帮助医生更好地了解病情和病人的健康状况，从而为病人提供更好的治疗方案。例如，某家医院可以通过分析病人的病历和检查报告，为病人提供更加个性化的诊疗方案，从而提高治疗效果和病人满意度。

③ 教育领域。大数据可以帮助教育单位更好地了解学生的学习情况和学习成绩，从而为学生提供更好的教育服务。例如，某所学校可以通过分析学生的学习情况和成绩，为学生提供更加个性化的教学方案，从而提高学生的学习效果和成绩。

④ 交通领域。大数据可以帮助交通管理部门更好地了解交通状况和出行需求，从而为市民提供更好的出行服务。例如，某交通管理部门可以通过分析交通流量和出行需求，为市民提供包括拥堵提示、公交车实时位置提醒等在内的更加智能化的交通服务，从而提高市民的出行效率和舒适度。

任务 2　电子表格软件 Excel

 情景导入

电子表格专家丹·布莱克林（Dan Bricklin）说过，"数百年来，人们用的都是手写表格，在 1978 年年初，我开始着手实现一个想法，最终这个想法变成了 VisiCalc"。VisiCalc 是世界上第一款电子表格软件，也就是 Excel 的前身。Excel 是美国微软公司研发的一款电子表格，从 1985 年的 Excel 1.0 版发展到 Excel 2021 版已经历经近 40 年。如今，Excel 已经成为电子表格行业标准，在科学研究、医疗教育、商业活动、家庭生活中广泛应用。

 知识学习

1. Excel 2016 的特性

Microsoft Excel，简称 Excel，是微软公司为使用 Windows 和 Apple Macintosh 操作系统的计算机编写的一款电子表格软件。通过它，用户可以进行数据计算、数据管理、数据分析等操作。Excel 采用表格的形式对数据进行组织和处理，直观方便，符合人们日常工作的习惯。Excel 预先定义了数学、财务、统计、查找和引用等类别的函数，可以通过灵活的计算公式完成复杂的计算和分析；Excel 提供了柱形图、条形图、折线图、散点图、饼图等多种类型的统计图表，可以直观地展示数据的多方面指标和特性；Excel 提供了数据透视表、模拟运算表、规划求解等多种数据分析与辅助决策工具，可以高效地完成多种数据分析、辅助决策的工作。基于此，Excel 已成为当今十分流行的个人计算机数据处理软件。Excel 2016 是微软公司2015 年 9 月推出的，具有以下 3 个特性。

（1）提供 Tell me 助手

用户可以在 中输入需要得到的帮助，它能够引导至相关命令，利用带有"必应"支持的智能查找功能检查资料，如输入"表格"关键字，在下拉列表中会出现"插入表格""数据透视表""套用表格格式"等命令，如图 1-1 所示。另外也可以获取有关表格的帮助和进行智能查找等。Tell Me 助手对 Excel 初学者来说，可以使其快速找到需要的命令，也可以加强其对Excel 的学习。

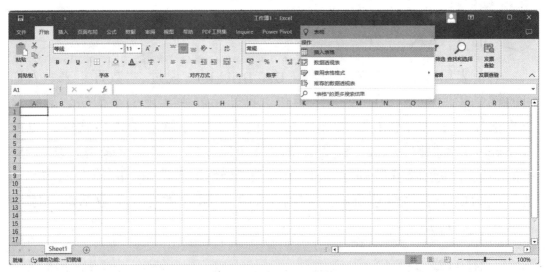

图 1-1　Tell Me 助手

（2）强大的数据分析功能

用户可以创建表示相互结构关系的树状图、分析数据层次占比的旭日图、判断生产是否稳定的直方图、显示一组数据分散情况的箱形图和表达多个特定数值之间的数量变化关系的瀑布图等。Excel 2016 的可视化图表如图 1-2 所示。

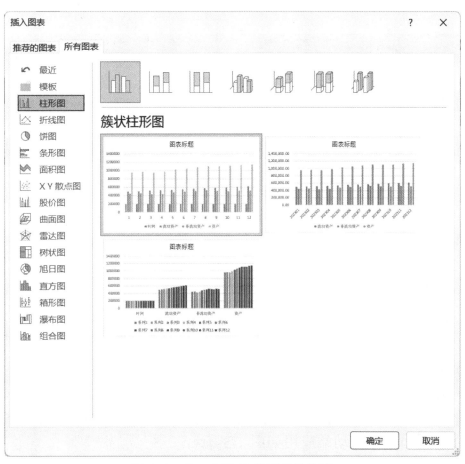

图 1-2　Excel 2016 的可视化图表

Excel 2016 "数据" 选项卡增加了 Power Query 工具，用户可以跨多种源查找和连接数据、从多个日志文件导入数据等；还增加了预测功能和预测函数，根据目前的数据信息，可预测未来数据发展态势。"数据" 选项卡如图 1-3 所示。

图 1-3　"数据" 选项卡

另外，Excel 与 Power BI 相结合，可用于访问大量的企业数据，使数据分析功能更为强大。Power BI Desktop 如图 1-4 所示。

图 1-4　Power BI Desktop

（3）跨平台应用

从 Office 2013 开始，微软公司就实现了 PC 端与移动端的协作，用户可以随时随地实现移动办公。而在 Office 2016 中，微软公司强化了 Office 的跨平台应用，用户可以在很多电子设备上审阅、编辑、分析和演示 Office 2016 文档。Office 移动端应用如图 1-5 所示。

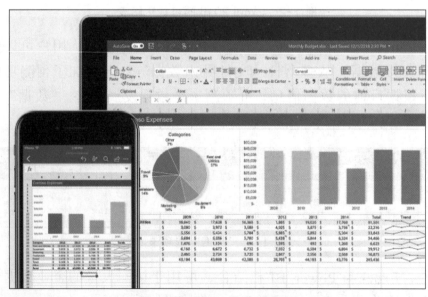

图 1-5　Office 移动端应用

2．Excel 2016 的启动与退出

（1）启动

方法①：单击"开始"按钮，在所有应用中选择 Excel 2016。

微课 1-1

方法②：双击现有的 Excel 电子表格。

方法③：双击 Excel 快捷图标。

（2）退出

方法①：单击 Excel 窗口的"关闭"按钮。

方法②：在标题栏上右击，在弹出的快捷菜单中选择"关闭"命令。

方法③：使用"Alt+F4"组合键。

方法④：单击"文件"标签，选择"关闭"命令。

3．Excel 2016 的操作界面

Excel 2016 的操作界面主要由标题栏、快速访问工具栏、控制按钮栏、功能区、名称框、编辑栏、工作区、状态栏等组成，如图 1-6 所示。

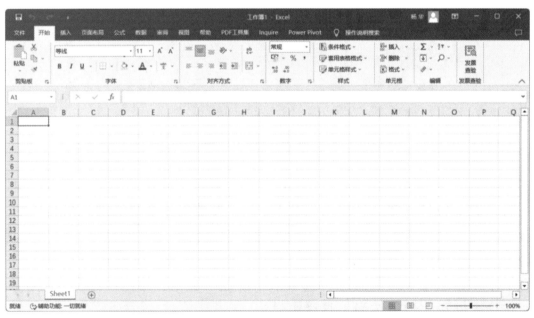

图 1-6　Excel 2016 操作界面

（1）标题栏

标题栏用于显示工作簿的名称，名称默认为"工作簿 1"，如图 1-7 所示。

工作簿1 - Excel

图 1-7　标题栏

（2）快速访问工具栏

快速访问工具栏是一个可自定义的工具栏，为方便用户快速执行常用命令，将功能区上选项卡中的一个或几个命令在此区域单独显示，以减少在功能区查找命令的时间，提高工作效率，如图 1-8 所示。

图 1-8　快速访问工具栏

如需自定义快速访问工具栏，可单击"自定义快速访问工具栏"按钮，在打开的下拉列表中选择常用的命令，即可将其添加至快速访问工具栏中。若"自定义快速访问工具栏"下拉列表中没有需要定义的命令，单击"其他命令"选项，打开"Excel 选项"对话框，在"自定义快速访问工具栏"区域中（见图 1-9），选中任一选项卡中的任一命令，单击"添加"按钮，所选命令即可在快速访问工具栏中显示。

（3）控制按钮栏

控制按钮栏有 3 个控制按钮，分别是"最小化"按钮、"最大化"按钮和"关闭"按钮，如图 1-10 所示。

图 1-9 自定义快速访问工具栏设置

图 1-10 控制按钮栏

（4）功能区

功能区位于标题栏的下方，由多个选项卡组成。一个选项卡分为多个组，每个组中有多个命令，如图 1-11 所示。

图 1-11 功能区

（5）名称框

名称框用于显示当前活动对象的名称信息，包括单元格列标和行号、图表名称等。名称框也可用于定位到目标单元格或其他类型对象。在名称框中输入单元格的列标和行号，即可定位到相应的单元格。例如：当单击 C3 单元格时，名称框中显示的是"C3"；当在名称框中输入"C3"时，会定位到 C3 单元格，如图 1-12 所示。

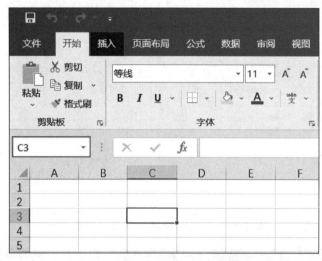

图 1-12　定位到 C3 单元格

（6）编辑栏

编辑栏用于显示当前单元格内容，或编辑所选单元格，如图 1-13 所示。

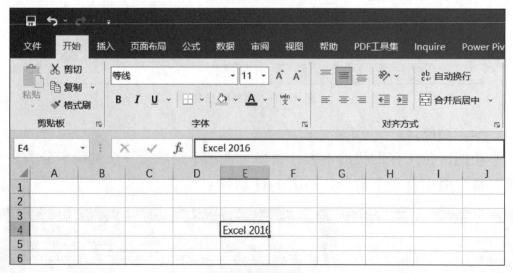

图 1-13　编辑栏

（7）工作区

工作区用于编辑工作簿中各单元格内容，一个工作簿可以包含多张工作表，如图 1-14 所示。双击工作表标签或在工作表标签上右击，可重命名工作表。单击工作表标签并拖动，可更改工作表位置。按住"Ctrl"键，拖动工作表标签，可复制选中的工作表。

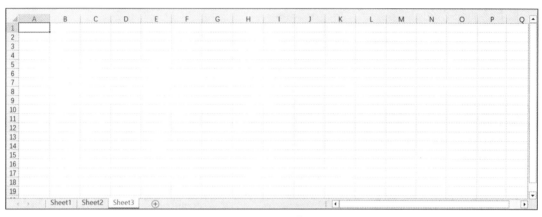

图 1-14　工作区

（8）状态栏

状态栏用于显示当前的工作状态，包括公式计算进度、选中区域的汇总值和平均值、当前视图模式、显示比例等，如图 1-15 所示。

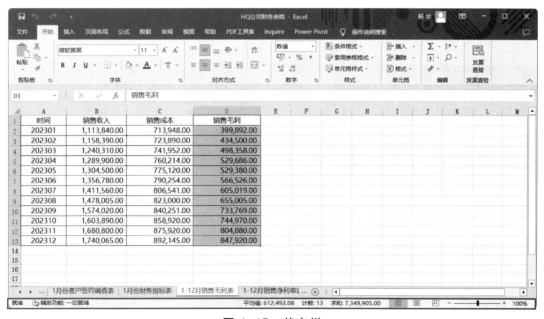

图 1-15　状态栏

如需更改状态栏显示内容，可将鼠标指针放在状态栏，右击，在弹出的快捷菜单中自定义状态栏，如图 1-16 所示。

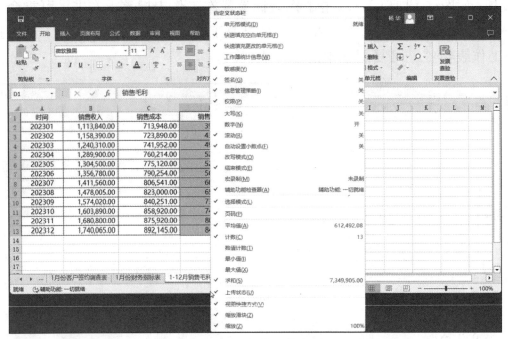

图 1-16　自定义状态栏

任务实训

熟悉 Excel 2016 操作界面各组成部分的功能。

思维导图

财务数据与电子表格软件Excel
- 数据与财务数据
  - 数据和信息
  - 大数据和财务大数据
- 电子表格软件Excel
  - Excel 2016的特性
  - Excel 2016的启动与退出
  - Excel 2016的操作界面

巩固提升

1. 理论夯实

（1）单选题

① （　　　）指的是未经处理的原始记录，可以是一系列的数字、文本或图片。

A. 数据　　　　B. 信息　　　　C. 知识　　　　D. 智慧

② 一般认为达到（　　　）级别的数据才可以称为大数据。

A. KB　　　　B. MB　　　　C. TB　　　　D. PB

③ 按住（　　　），拖动工作表标签，可复制选中的工作表。

A. "Ctrl"键并右击　　　　　　　B. "Ctrl"键

C. "Ctrl+N"组合键　　　　　　　D. "Ctrl+S"组合键

（2）多选题

① （　　　）是人类传播信息的主要数据形式。

A. 声音　　　　B. 符号　　　　C. 图像　　　　D. 数字

② 常用的分析方法有（　　　）。

A. 描述性分析　　　　　　　　B. 对比分析

C. 趋势分析　　　　　　　　　D. 结构分析

③ 状态栏用于显示当前的工作状态，包括（　　　）。

A. 公式计算进度　　　　　　　B. 选中区域的汇总值、平均值

C. 当前视图模式　　　　　　　D. 显示比例

（3）判断题

① 信息采用数据表示，数据是信息的载体。（　　　）

② 信息，是指对数据进行加工处理后得到的有用数据。（　　　）

③ 使用"Alt+F4"组合键可以启动 Excel。（　　　）

2. 实践操作

① 启动 Excel 2016。

② 指出 Excel 2016 操作界面各组成部分的主要功能。

③ 退出 Excel 2016。

学习评价

序号	学生自评			小组互评			教师评价		
	★★★	★★	★	★★★	★★	★	★★★	★★	★
任务 1									
任务 2									

项目二

工作簿和工作表

 知识目标

1. 熟悉工作簿、工作表和单元格等基本概念
2. 了解工作簿和工作表的关系

 能力目标

1. 具备熟练完成工作簿的新建、打开、保存、隐藏、共享、保护和关闭的能力
2. 具备熟练完成工作表的管理、编辑、美化和打印的能力

 素质目标

1. 养成一丝不苟、踏实肯干的职业素养
2. 强化网络安全、数据安全和个人信息保护意识

任务 1 工作簿

 情景导入

当我们拿到一本书时，会首先看到书名；打开这本书时，会看到书的目录；目录之后是各章内容，而各章的内容有文字、图形、表格等。在 Excel 系统中，一个工作簿类似一本书，其中包含许多工作表，工作表中可以存储不同类型的数据。工作簿是 Excel 中重要的基础概念。

 知识学习

工作簿，是指在 Excel 中用来存储并处理工作数据的文件，其扩展名是.xlsx。在 Excel 中，无论是数据还是图表，都是以工作表的形式存储在工作簿中的。通常所说的 Excel 文件指的就是工作簿文件，图 2-1 所示的文件夹中包含 2 个工作簿。当启动 Excel 时，系统会自动创建一个新的工作簿文件，名称为"工作簿 1"，此后创建的工作簿的名称默认为"工作簿 2""工作簿 3"等。

微课 2-1

图 2-1 工作簿

1. 新建工作簿

在 Excel 2016 中，新建工作簿的方法有以下 4 种。

方法①：启动 Excel 2016，自动新建一个空白工作簿。

方法②：使用"文件"选项卡下的"新建"命令。

方法③：使用"Ctrl+N"组合键。

方法④：利用快速访问工具栏中的"新建"命令。

在默认情况下，每个新建工作簿只包含 1 张工作表，如果希望改变默认的工作表数，可以按照以下步骤操作。

步骤①：选择"文件"选项卡下的"选项"命令，如图 2-2 所示。

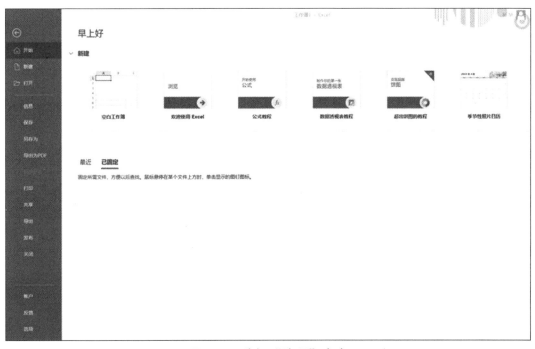

图 2-2 选择"选项"命令

步骤②：系统弹出"Excel 选项"对话框，在"新建工作簿时"区域中的"包含的工作表数"右侧微调框中输入工作表数，如"3"，单击"确定"按钮保存所做的操作，如图 2-3 所示。

2. 打开工作簿

可以用下面任意一种方法打开一个已经保存过的工作簿。

方法①：使用快速访问工具栏中的"打开"命令。

图 2-3 设置工作表数

方法②：使用"文件"选项卡下的"打开"命令。

方法③：在"文件"选项卡中单击最近使用过的文件。

方法④：直接双击要打开的工作簿。

小贴士

Excel 2016 允许同时打开多个工作簿，即可以在不关闭当前工作簿的情况下打开其他工作簿；可以在不同工作簿之间进行切换，同时对多个工作簿进行操作。

3. 保存工作簿

（1）保存未命名的新工作簿

选择"文件"选项卡下的"保存"或"另存为"命令，或按"Ctrl+S"组合键，在弹出的"另存为"对话框中，确定保存位置和文件名后，单击"保存"按钮。

（2）保存已保存过的工作簿

选择"文件"选项卡下的"保存"或"另存为"命令，如图 2-4 所示；或按"Ctrl+S"组合键。

图 2-4　"文件"选项卡

4. 隐藏工作簿

在 Excel 中，在"视图"选项卡的"窗口"组中单击"隐藏"按钮，即可隐藏该工作簿。

也可以取消隐藏工作簿。在"视图"选项卡下的"窗口"组中单击"取消隐藏"按钮，在弹出的"取消隐藏"对话框的"取消隐藏工作簿"列表中，选中需要显示的被隐藏工作簿的名称，单击"确定"按钮即可重新显示该工作簿，如图 2-5 所示。

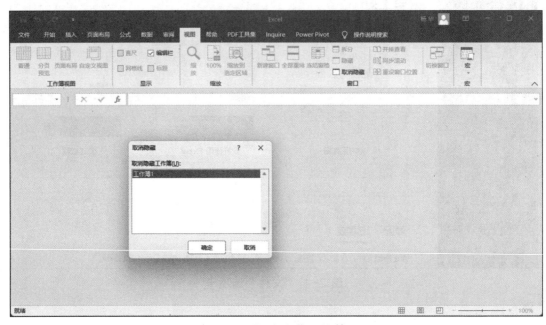

图 2-5　取消隐藏工作簿

5．共享工作簿

在默认情况下，Excel 工作簿只能被一个用户以独占的方式打开和编辑。如果一个用户试图打开一个已经被其他用户打开的工作簿，Excel 会弹出"文件正在使用"提示框，表示该文件已经被锁定，这时只能以只读方式打开该工作簿。如果希望实现多人同时编辑同一个工作簿，可以使用 Excel 提供的共享工作簿功能。

在多人同时编辑同一个工作簿之前，首先需要在已连接网络的某台计算机或服务器的特定文件夹下创建一个共享工作簿，这个特定文件夹应该是多人都可访问的共享文件夹。创建共享工作簿的具体操作步骤如下。

步骤①：登录个人账号后，选择"共享"命令，如图 2-6 所示。

步骤②：在打开的"共享"任务窗格中单击"保存到云"按钮，即可将需要共享的工作簿保存到云，如图 2-7 所示。

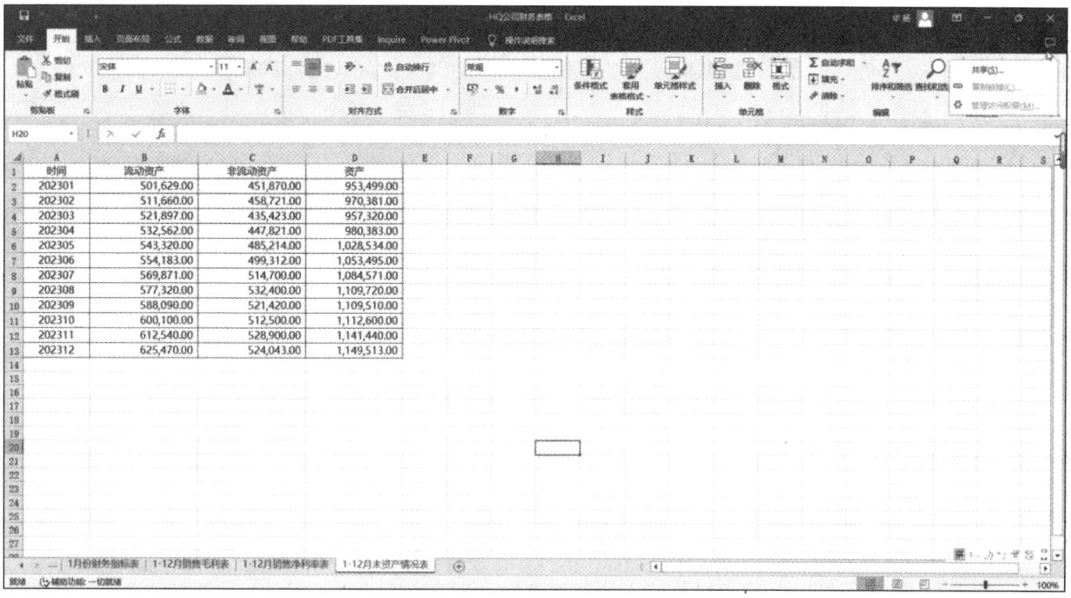

图 2-6 选择"共享"命令

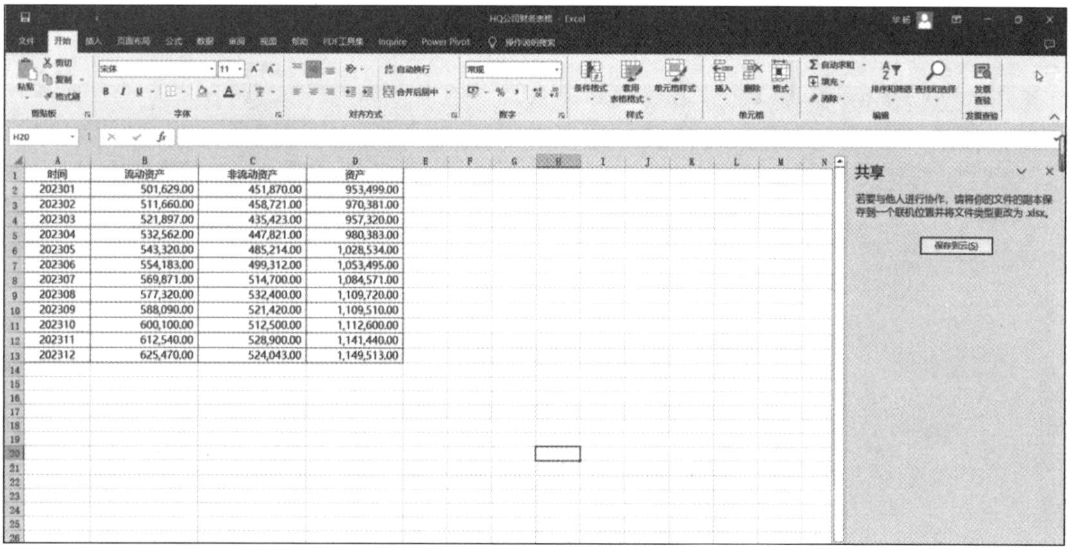

图 2-7 保存到云

步骤③：输入邀请人员的电子邮件，单击右侧的 按钮，此时，"共享"按钮被激活，单击"共享"按钮，如图 2-8 所示。

多个用户在完成协同编辑操作后，可以停止工作簿的共享。停止共享工作簿的操作步骤如下。

步骤①：在要删除的共享人员的名称上右击。

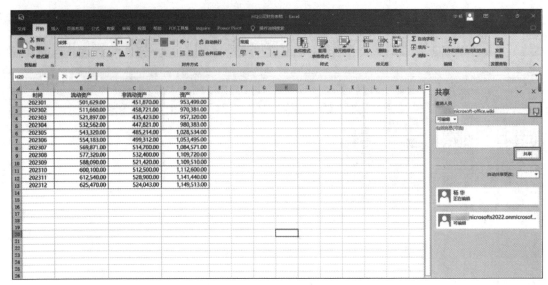

图 2-8　邀请共享人员

步骤②：在弹出的快捷菜单中选择"删除用户"命令，如图 2-9 所示，可以将共享人员删除。也可以选择"将权限更改为可以查看"命令，将共享人员的权限变更为仅可查看，不可编辑。

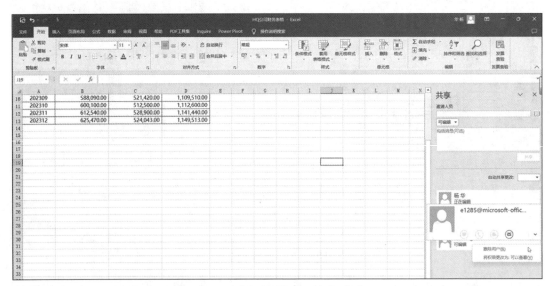

图 2-9　选择"删除用户"命令

6. 保护工作簿

为了防止他人随意使用或修改工作簿，可以对工作簿进行保护，以确保工作簿的安全。

在"审阅"选项卡的"保护"组中单击"保护工作簿"按钮，在弹出的"保护结构和窗口"对话框中为工作簿设置密码，对其进行保护，如图 2-10 所示。密码需要输入两次。

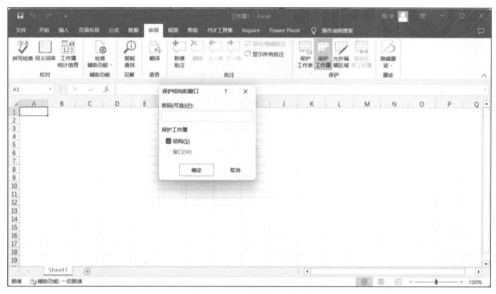

图 2-10　保护工作簿

设置了保护工作簿后，再次单击"保护工作簿"按钮，则弹出"撤销工作簿保护"对话框（见图 2-11），输入先前设置的密码，则解除了对工作簿的保护。

图 2-11　"撤销工作簿保护"对话框

 学思园地

　　大数据时代背景下，个体、组织和国家所产生的数据将行为主体的敏感信息、自身权益以及经济价值等置于更加透明的位置，更多生物识别信息、身份信息和虚拟身份标识等保密信息的分类存储面临着较大的风险和挑战。我们要增强数据安全总体意识，建立数字化思维，提升数据安全保护意识和素养。

7．关闭工作簿

在 Excel 2016 中，关闭工作簿的方法有以下 3 种。

方法①：选择"文件"选项卡下的"关闭"命令。

方法②：单击 Excel 窗口右上角的"关闭"按钮。

方法③：使用"Ctrl+W"组合键。

 小贴士

如果希望将当前打开的所有工作簿在同一时间一起关闭，可以按住"Shift"键，然后单击 Excel 窗口右上角的"关闭"按钮。

 任务实训

使用 Excel 工作簿"HQ 公司表格"，练习工作簿的打开、保存、隐藏、共享、保护、关闭等操作。

任务 2 工作表

 情景导入

工作簿相当于一本书，工作表则相当于这本书中的某一页，通常情况下，把相关的工作表放在一个工作簿里。例如可以把全班学生的成绩放在一个工作簿里，每个学生的成绩放在不同的工作表里。

 知识学习

工作表，是 Excel 存储和处理数据的重要部分，是显示在工作簿中的表格。一张工作表最多可以由 1 048 576 行和 16 384 列构成。行的编号从 1 到 1 048 576，列的编号依次用字母 A、B…AA…XFD 表示。行号显示在 Excel 窗口的左边，列标显示在 Excel 窗口的上边。Excel 2016 的一个工作簿中默认有一张工作表，用户可以根据需要添加工作表，但每一个工作簿最多可以有 255 张工作表。名为"HQ 公司表格"的工作簿中，包含"产

微课 2-2

品表""门店表""销售人员表""员工信息表"等 4 张工作表，如图 2-12 所示。

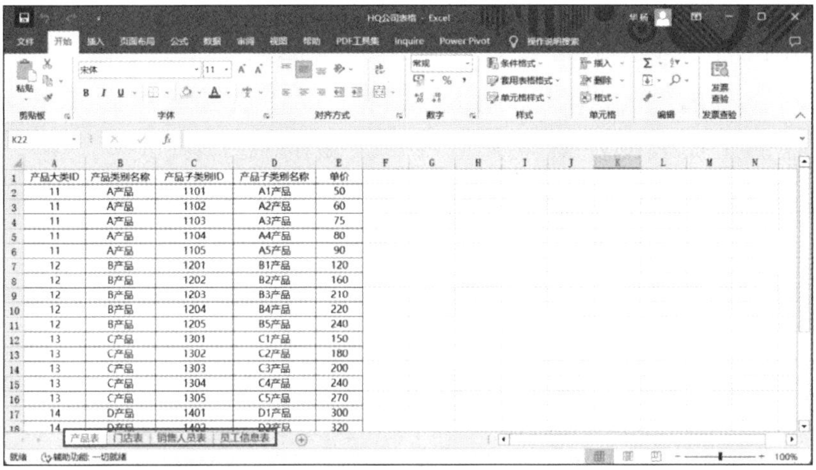

图 2-12　工作表

1. 管理工作表

（1）选择工作表

每张工作表具有一个标签，用于显示工作表名称。当前选中的工作表，其标签颜色与其他工作表标签不同，该工作表称为当前工作表，此时 Excel 工作区中显示选中的工作表，用户可以对其进行各种操作。

单击某个工作表标签，可以选择该工作表为当前工作表，如图 2-13 所示。按住"Ctrl"键后分别单击不同工作表标签，可同时选中多张工作表。

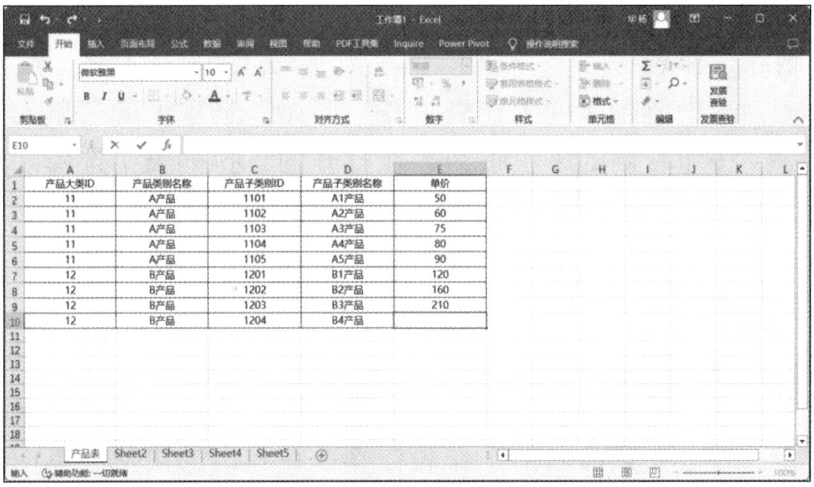

图 2-13　选择工作表

（2）插入新工作表

方法①：单击"新工作表"按钮⊕，即可在当前位置插入一张新的工作表。

方法②：右击工作表标签，在弹出的快捷菜单中选择"插入"命令，弹出"插入"对话框（见图 2-14），选择"工作表"命令，并单击"确定"按钮，则在原工作表的左侧位置出现一张新的工作表。

图 2-14　"插入"对话框

小贴士

如果要添加多张工作表，选中与待添加工作表相同数目的工作表标签，然后右击，在弹出的快捷菜单中选择"插入"命令即可。

（3）删除工作表

方法①：选中要删除的工作表，在"开始"选项卡的"单元格"组中单击"删除"按钮右侧的下拉按钮，在打开的下拉列表中选择"删除工作表"命令，如图 2-15 所示。

方法②：右击要删除的工作表的标签，在弹出的快捷菜单中选择"删除"命令，如图 2-16 所示。

（4）重命名工作表

方法①：双击要重命名的工作表标签，输入新的工作表名称即可。

方法②：右击要重命名的工作表标签，在弹出的快捷菜单中选择"重命名"命令，输入新的工作表名称即可。

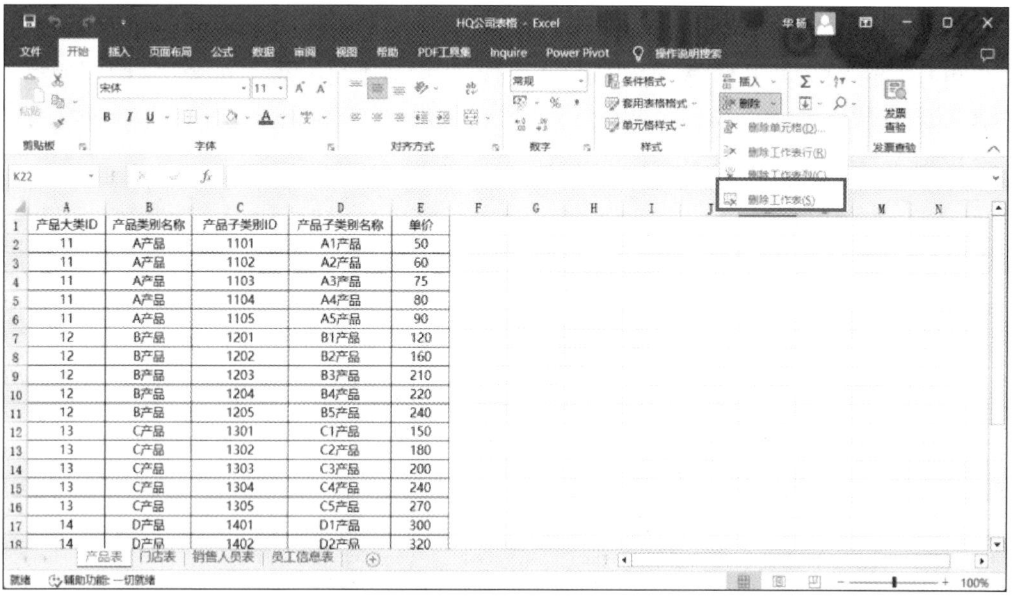

图 2-15　选择"删除工作表"命令

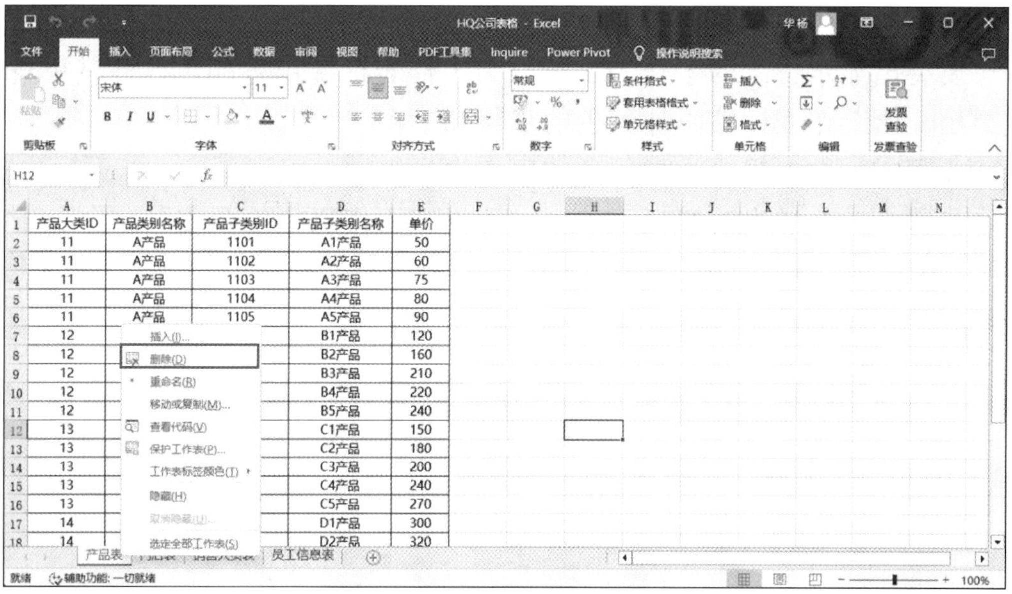

图 2-16　选择"删除"命令

（5）移动或复制工作表

方法①：单击工作表标签，选中工作表，然后按住鼠标左键，拖动工作表到目标位置后释放，即可移动工作表。如果要复制工作表，则应在按住鼠标左键拖动工作表到目标位置的同时按住"Ctrl"键。

方法②：右击要移动或复制的工作表的标签，在弹出的快捷菜单中选择"移动或复制"命令，弹出"移动或复制工作表"对话框，如图 2-17 所示，可以选择移动工作表到选定的工作表之前的位置，如将"产品表"移动至"销售人员表"之前。若勾选"建立副本"复选框，表示复制工作表到选定的工作表之前的位置。

图 2-17　移动或复制工作表

（6）给工作表标签添加颜色

要突出显示特定的工作表，可以为工作表标签设置颜色，使其更直观地显示。给工作表标签添加颜色的步骤如下。

步骤①：右击想要添加颜色的工作表标签。

步骤②：在弹出的快捷菜单中，选择"工作表标签颜色"命令。

步骤③：打开"主题颜色"面板（见图 2-18），选择颜色后，即为工作表标签添加了颜色。

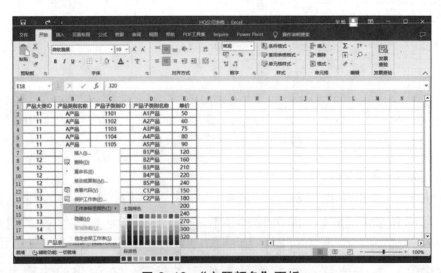

图 2-18　"主题颜色"面板

2. 编辑工作表

编辑工作表主要围绕单元格和单元格区域进行操作。

（1）选中单元格或单元格区域

① 选中单元格。

微课 2-3

工作表中行与列交叉位置形成的矩形区域称为单元格。单元格是存储数据的基本单元，可以存放文本、数字、逻辑值、计算公式等不同类型的数据。工作表中每个单元格的位置称为单元格地址，一般用"列标+行号"表示。例如，C5 表示工作表中第 3 列第 5 行的单元格。

启动 Excel 后，通常会打开一个名为"工作簿 1"的工作簿，并且显示一张工作表"Sheet1"，此时 A1 单元格周围有一个粗绿框，名称框中显示了该单元格的地址 A1，表示可以对这个单元格进行各种编辑操作，包括输入或修改数据等，如图 2-19 所示。

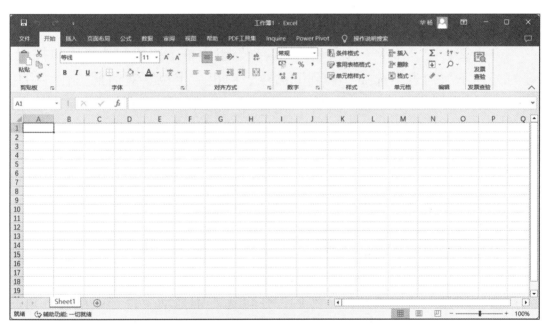

图 2-19　A1 单元格

在 Excel 中，将被选中的单元格称为活动单元格，将当前可以操作的单元格称为当前单元格。如果活动单元格只有一个，那么该单元格就是当前单元格；如果活动单元格有多个，那么被选中的多个单元格中呈反白显示的单元格就是当前单元格，如图 2-20 所示。

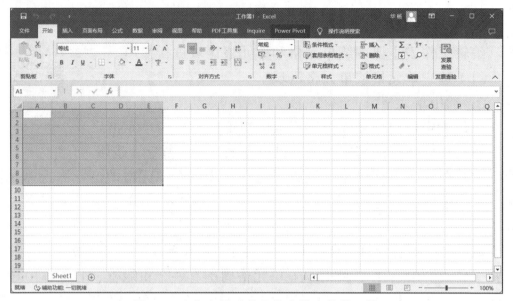

图 2-20　多个活动单元格中的当前单元格

选中单元格的方法有很多，可以根据需要进行选择。

方法①：将光标定位到要选中的单元格并单击。

方法②：在"开始"选项卡的"编辑"组中单击查找和选择下拉按钮，在打开的下拉列表中选择"转到"命令，弹出"定位"对话框。在"引用位置"文本框中输入要选中的单元格地址，如 D5，然后单击"确定"按钮。

方法③：在名称框中直接输入要选中的单元格地址，然后按"Enter"键。

② 选中单元格区域。

单元格区域是指由多个单元格组成的区域，单元格区域中的单元格可以是连续的，也可以是不连续的。整行或整列，也是单元格区域。

A．选中连续的单元格区域。

根据要选中的单元格区域大小，选择相应的方法。

a．需要选中的单元格区域比较小，可以通过鼠标来完成。将光标定位到待选区域左上角的单元格，然后按住鼠标左键拖动至待选区域右下角的单元格，释放鼠标左键即可选中两个单元格之间的若干单元格，如图 2-21 所示。

b．需要选中的单元格区域比较大，超出了屏幕可显示的范围，可以使用键盘来完成。首先选中待选区域左上角的单元格，然后按住"Shift"键，使用方向键或者"Home"键、"End"键、"PgUp"键、"PgDn"键来扩展选择的区域。

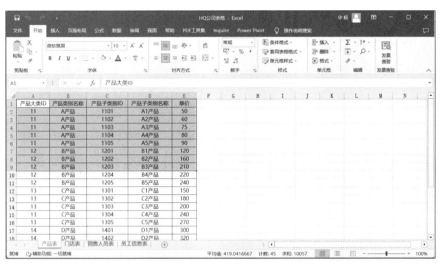

图 2-21　选中单元格区域

c. 单元格区域特别大，可以通过键盘与鼠标的配合来完成。首先选中待选区域左上角的单元格，然后拖动工作表滚动条至可显示待选区域右下角的单元格，按住"Shift"键，再单击待选区域右下角的单元格。

d. 单击行号，可以选中整行；单击列标，可以选中整列。沿行号或列标拖动光标；或者先选中第一行或第一列，然后按住"Shift"键，再选中待选区域的最后一行或最后一列。

B. 选中非连续的单元格区域。

a. 需要同时选中多个不相邻的单元格或单元格区域，可以先选中一个区域，然后按住"Ctrl"键，再选中其他待选区域，如图 2-22 所示。

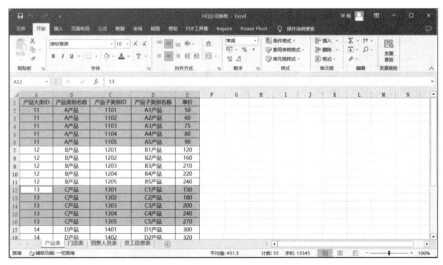

图 2-22　选中非连续的单元格区域

b. 选中不相邻的行或列，也是先选中其中一行或一列，然后按住"Ctrl"键，再选中其他行或列。

小贴士

　　当选中了一个或多个单元格区域后，连续按"Enter"键，可以在区域范围内切换不同的单元格为当前单元格；连续按"Shift+Enter"组合键，则可以按相反的顺序切换区域范围内的单元格为当前单元格。

　　（2）插入或删除单元格

　　插入或删除单元格，可以采用以下两种方法。

　　方法①：在待插入或删除单元格的位置右击，在弹出的快捷菜单中选择"插入"命令可以插入单元格，选择"删除"命令则可以删除单元格，如图 2-23 所示。

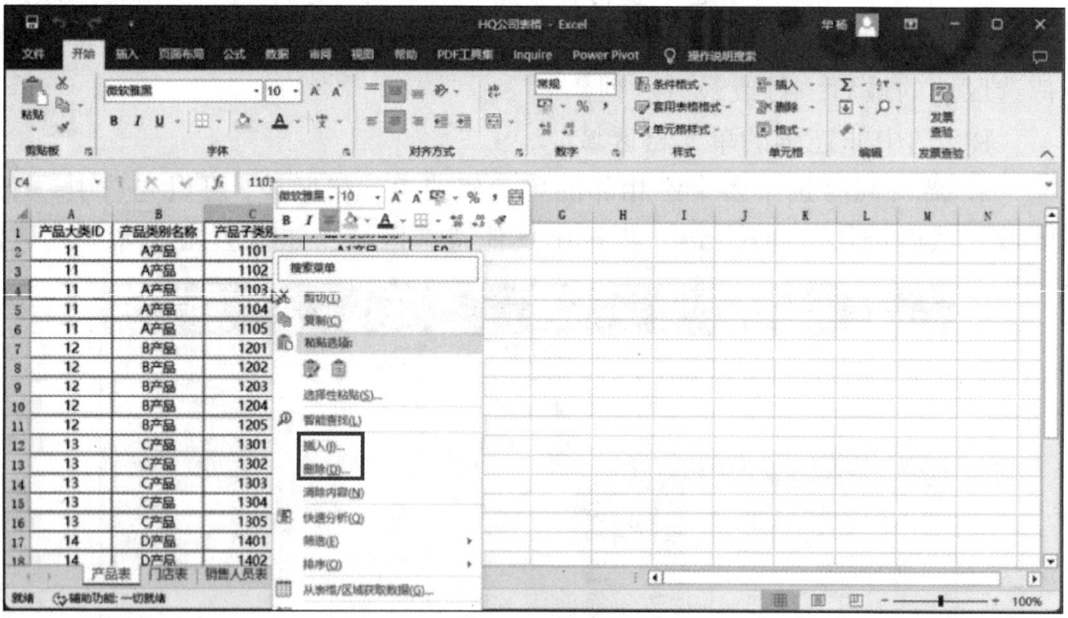

图 2-23　插入或删除单元格

　　方法②：单击"开始"选项卡下"单元格"组里的"插入"按钮右侧的下拉按钮，在打开的下拉列表中选择"插入单元格"命令或单击"删除"

按钮右侧的下拉按钮，在打开的下拉列表中选择"删除单元格"命令，分别如图 2-24 和图 2-25 所示。

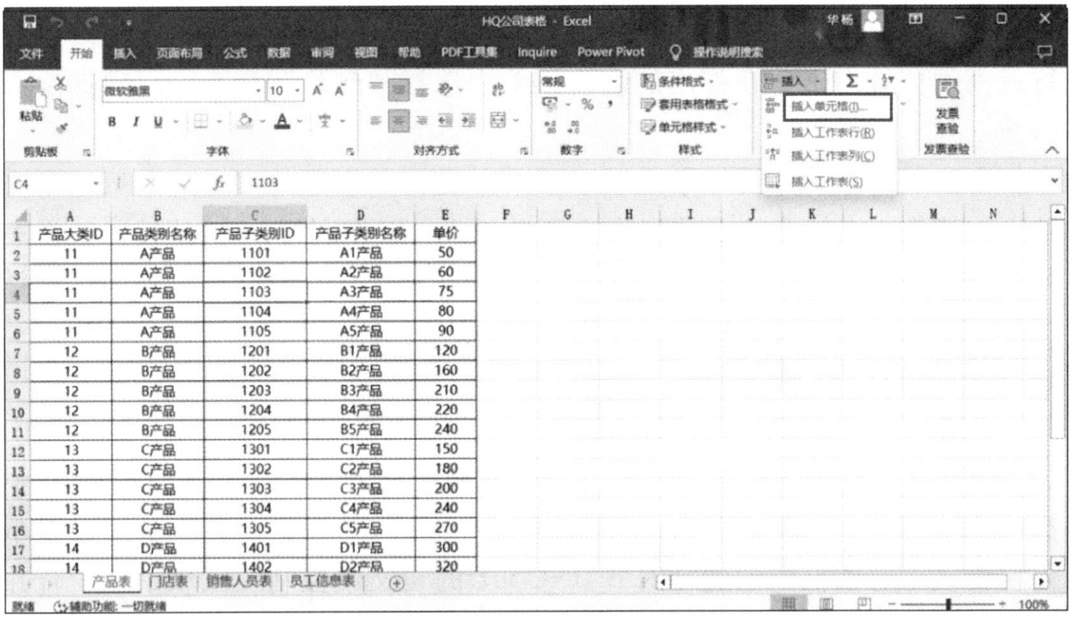

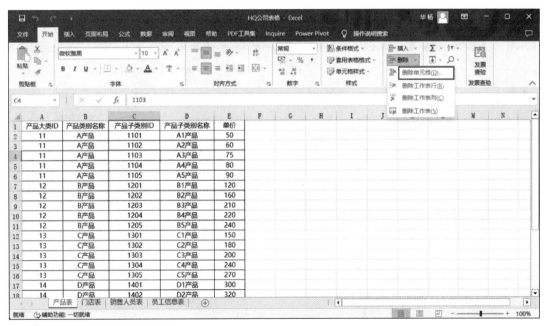

图 2-24 插入单元格

图 2-25 删除单元格

（3）插入或删除行或列

插入或删除行或列，可以采用以下两种方法。

方法①：在想要插入行或列的位置右击，在弹出的快捷菜单中选择"插入"命令，可以在该行的前面或该列的左边插入一行或一列；在想要删除行或列的位置右击，在弹出的快捷菜单中选择"删除"命令，可以删除一行或一列。

方法②：单击"开始"选项卡下"单元格"组里的"插入"按钮右侧的下拉按钮，在打开的下拉列表中选择"插入工作表行"（或"插入工作表列"）命令或单击"删除"按钮右侧的下拉按钮，在打开的下拉列表中选择"删除工作表行"（或"删除工作表列"）命令。

（4）合并单元格

合并单元格，可以采用以下两种方法。

方法①：首先，选中想要合并的单元格区域（见图2-26），右击，在弹出的快捷菜单中选择"设置单元格格式"命令。然后，在打开的"设置单元格格式"对话框中勾选"对齐"选项卡的"文本控制"区域中的"合并单元格"复选框（见图2-27），并单击"确定"按钮。合并单元格后的效果如图2-28所示。

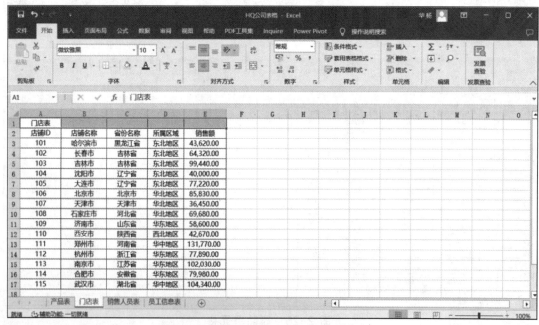

图2-26　选中想要合并的单元格区域

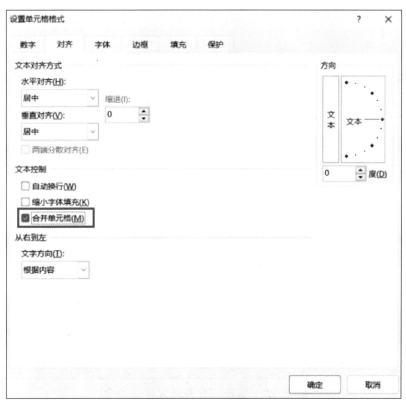

图 2-27 勾选"合并单元格"复选框

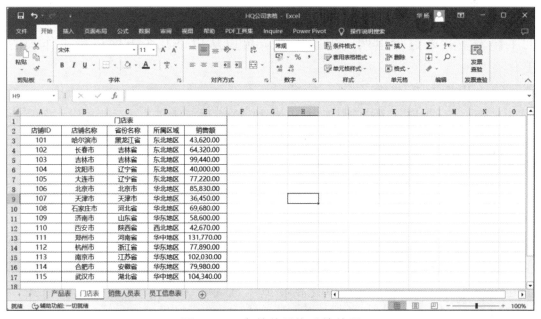

图 2-28 合并单元格后的效果

方法②：选中想要合并的单元格区域，在"开始"选项卡下的"对齐方式"组中单击"合并后居中"按钮 图· 右侧的下拉按钮，在打开的下拉列表中选择"合并单元格"命令，如图2-29所示。

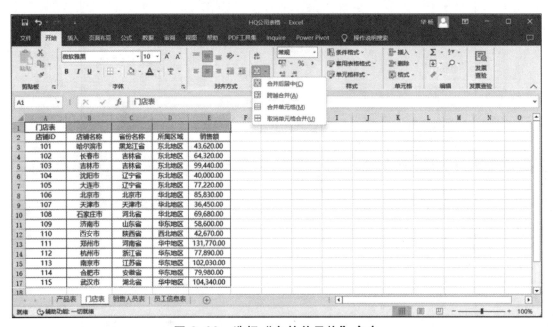

图2-29　选择"合并单元格"命令

3．美化工作表

一般情况下，我们创建的 Excel 工作表处于默认样式，这种未经修饰的工作表看起来过于单调，欠缺美观。可以从以下几个方面进行工作表的美化。

（1）设置对齐方式

步骤①：选好工作表中需要设置格式的单元格后，右击，在弹出的快捷菜单中选择"设置单元格格式"命令，弹出"设置单元格格式"对话框。

步骤②：在"对齐"选项卡中可改变数据在垂直和水平方向上的对齐方式，如选择"居中"命令，如图2-30所示。

（2）设置边框和底纹

步骤①：选中工作表中需要设置边框和底纹的单元格后，右击，在弹出的快捷菜单中选择"设置单元格格式"命令，弹出"设置单元格格式"对话框。

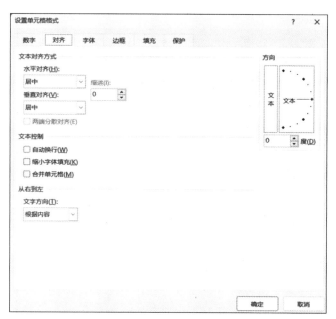

图 2-30 设置数据对齐方式

步骤②：在"边框"选项卡中可以为选中的单元格区域设置边框的样式和颜色，如图 2-31 所示。

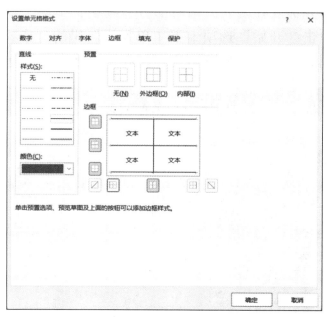

图 2-31 设置单元格区域的边框样式和颜色

步骤③：在"填充"选项卡中可以为选中的单元格区域设置背景色和填充效果，如图 2-32 所示。

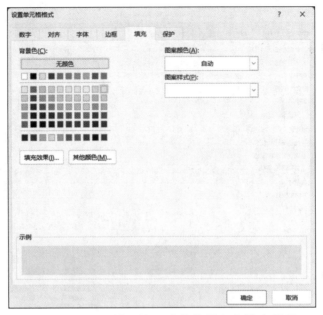

图 2-32　设置单元格区域的背景色和填充效果

（3）设置列宽和行高

设置单元格区域列宽和行高的方法有以下 3 种。

方法①：将光标放在两列或两行的分界线上，拖动调整列宽或行高。

方法②：单击"开始"选项卡下"单元格"组的"格式"下拉按钮，在打开的下拉列表中选择"列宽"或"行高"命令，如图 2-33 所示。

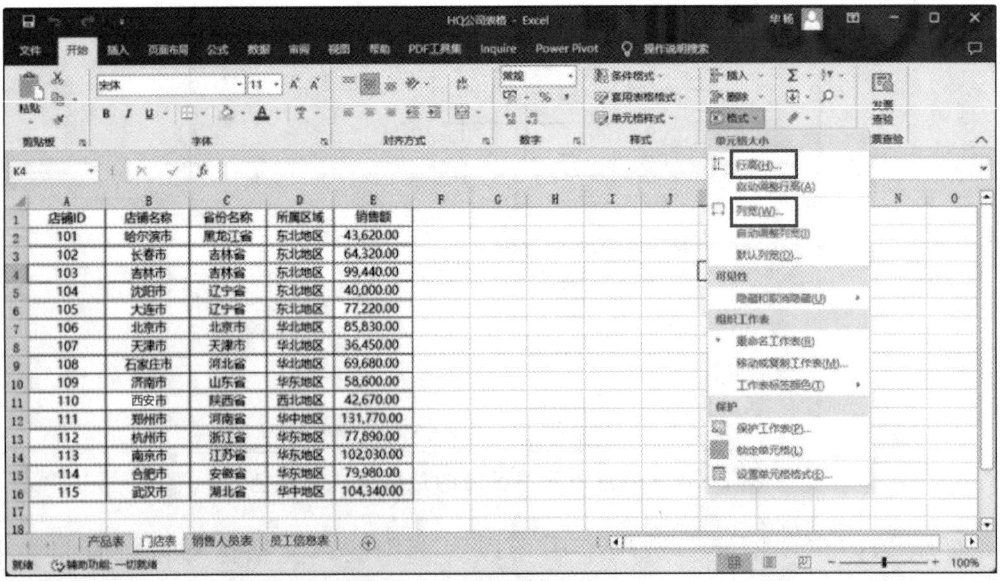

图 2-33　设置列宽和行高

方法③：选中要调整列宽的列，右击，在弹出的快捷菜单中选择"列宽"命令，如图 2-34 所示。在弹出的"列宽"对话框中输入要设置的列宽的数值。选中要调整行高的行，右击，在弹出的快捷菜单中选择"行高"命令，如图 2-35 所示。在弹出的"行高"对话框中输入要设置的行高的数值。

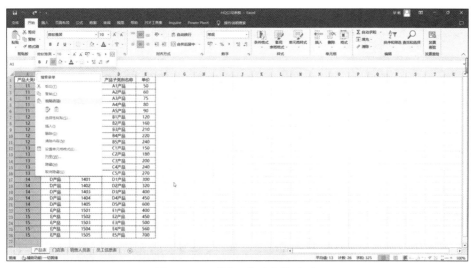

图 2-34　选择"列宽"命令

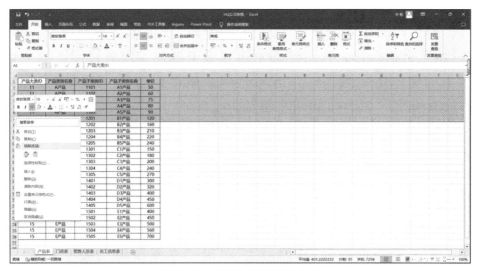

图 2-35　选择"行高"命令

（4）使用套用表格格式美化工作表

单击"开始"选项卡下"样式"组里的"套用表格格式"下拉按钮，在打开的下拉列表中可选择样式自动美化工作表，如图 2-36 所示。

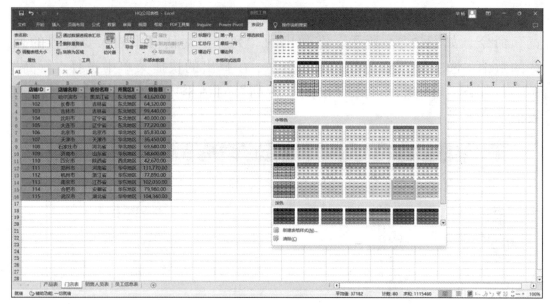

图 2-36　使用套用表格格式美化工作表

4．打印工作表

打印工作表是使用电子表格的一个关键步骤，也是一项日常工作。工作表创建好后，为了提交或留存查阅方便，经常需要把它打印出来。

（1）设置打印区域

选择要打印的区域，单击"页面布局"选项卡下"页面设置"组里的"打印区域"下拉按钮，在打开的下拉列表中选择"设置打印区域"命令，选中区域的边框上出现实线，表示打印区域已设置好，如图 2-37 所示。打印时只有选中区域中的数据才能打印。

（2）分页

当工作表较大时，一般会自动为工作表分页。如果用户不满意这种分页方式，可以根据自己的需要对工作表进行人工分页。

① 插入分页。

a．水平分页。

单击要另起一页的起始行行号，单击"页面布局"选项卡下"页面设置"组里的"分隔符"下拉按钮，在打开的下拉列表中选择"插入分页符"命令，在起始行上会出现一条水平实线，表示分页成功，如图 2-38所示。

图 2-37 设置打印区域

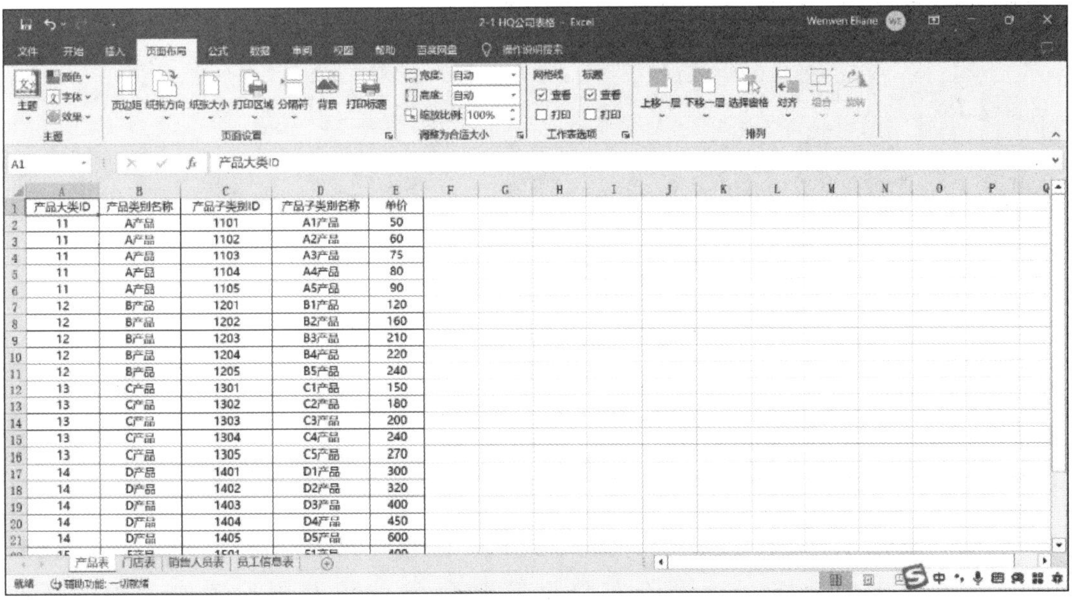

图 2-38 水平分页

b．垂直分页。

单击要另起一页的起始列列标或选择该列最上端的单元格，单击"页面布局"选项卡下"页面设置"组里的"分隔符"下拉按钮，在打开的下拉列表中选择"插入分页符"命令，分页成功后将在该列左边出现一条垂直分页实线。如果选择的不是最左端或最上端的单元格，插入分页符后将在选中单元格上方和左侧各产生一条分页实线。

② 分页预览。

分页后，单击状态栏右侧视图切换按钮中的"分页预览"按钮，可进入分页预览视图，如图 2-39 所示。单击"普通"按钮，可以结束分页预览，恢复普通视图。

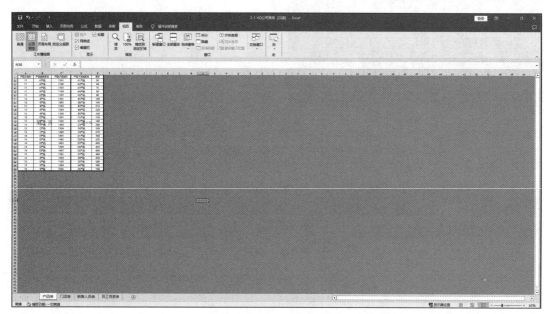

图 2-39　分页预览

③ 删除分页。

删除分页符时，可先选择分页实线的下一行或右一列的任一单元格，然后单击"页面布局"选项卡下"页面设置"组里的"分隔符"下拉按钮，在打开的下拉列表中选择"删除分页符"命令。

选中整张工作表或选中任一单元格，单击"分隔符"下拉按钮，在打开的下拉列表中选择"重设所有分页符"命令，即可删除工作表中的所有人工分页符。

（3）页面设置

Excel 2016 具有默认页面设置功能，因此用户可以直接打印工作表。如有特殊要求，使用页面设置功能可以设置方向、缩放比例、纸张大小、页边距、页眉/页脚等。单击"页面布局"选项卡下"页面设置"组右侧的

按钮，弹出"页面设置"对话框。该对话框共有 4 个选项卡：页面、页边距、页眉/页脚和工作表。

①"页面"选项卡。

"页面"选项卡中，可以设置方向、缩放比例、纸张大小、打印质量、起始页码等选项，如图 2-40 所示。

图 2-40 "页面"选项卡

②"页边距"选项卡。

"页边距"选项卡中，可设置版心与页面 4 个边界间的距离、页眉和页脚的上下边距等，如图 2-41 所示。

③"页眉/页脚"选项卡。

在"页眉/页脚"选项卡中设置页眉和页脚，可打开"页眉"和"页脚"下拉列表，选择内置的页眉和页脚格式，也可分别单击"自定义页眉""自定义页脚"按钮，在相应的对话框中进行自定义。设置好后，单击"确定"按钮。"页眉/页脚"选项卡如图 2-42 所示。

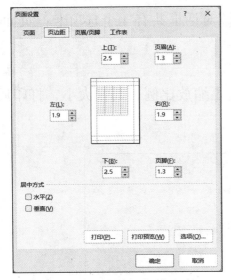

图 2-41 "页边距"选项卡

图 2-42 "页眉/页脚"选项卡

④"工作表"选项卡。

若不设置打印区域，则打印当前整个工作表；若需设置打印区域，则单击"打印区域"右侧的折叠按钮，在工作表中选中打印区域后，再单击"打印区域"右侧的折叠按钮返回对话框，单击"确定"按钮。"工作表"选项卡如图 2-43 所示。

图 2-43 "工作表"选项卡

设置完成后，单击"打印预览"按钮，进入"打印"窗口，如图 2-44所示。

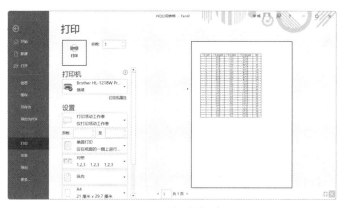

图 2-44　"打印"窗口

（4）打印方法

在 Excel 中，打印工作表的方法有以下两种。

方法①：单击"页面设置"对话框中的"工作表"选项卡下的"打印"按钮。

方法②：使用"文件"选项卡下的"打印"命令。

 任务实训

使用 Excel 工作簿"HQ 公司表格"，练习工作表的管理、编辑、美化和打印等操作。

思维导图

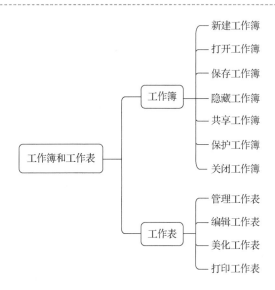

巩固提升

1. 理论夯实

（1）单选题

① 使用（　　）组合键可以新建工作簿。

    A．"Ctrl+S"　　　　　　　　　　B．"Ctrl+V"

    C．"Ctrl+C"　　　　　　　　　　D．"Ctrl+N"

② 在默认情况下，每个新建工作簿只包含（　　）张工作表。

    A．1　　　　　B．2　　　　　C．3　　　　　D．4

③ 要选中多个不相邻的工作表，可单击要选中的第 1 张工作表标签后，按住（　　），再分别单击其他工作表标签。

    A．"Alt"键　　　　　　　　　　B．"Ctrl"键

    C．"Shift"键　　　　　　　　　D．"Shift+Alt"组合键

（2）多选题

① 在 Excel 2016 中，关闭工作簿的方法有（　　）。

    A．选择"文件"选项卡下的"关闭"命令

    B．单击 Excel 窗口右上角的"关闭"按钮

    C．使用"Ctrl+W"组合键

    D．选择"文件"选项卡下的"保存"或"另存为"命令

② 单元格可以存放（　　）等不同类型的数据。

    A．文本　　　　B．数字　　　　C．逻辑值　　　D．计算公式

③ 下列关于工作簿和工作表关系的说法正确的有（　　）。

    A．工作簿包含 1 张或多张工作表

    B．Excel 文件就是工作簿

    C．工作表不能单独存在，必须依托于工作簿

    D．工作表从属于工作簿，是一种包含关系

（3）判断题

① 单元格地址，一般用"行号+列标"表示。（　　）

② 多人同时编辑同一个工作簿文件，可使用 Excel 提供的共享工作簿功能。（　　）

③ 将光标放在两行的标签分界线上，拖动可调整列宽。（　　）

2．实践操作

使用 Excel 工作簿"2023 年 1 月 HQ 公司产品表"，进行以下练习。

① 设置工作簿保护，密码为 123456。

② 复制工作表"1 月份产品销售额表"。

③ 美化工作表"1 月份产品销售完成情况表"。

④ 在工作表"1 月份产品订单表"中，将"产品 ID"列移动到"产品类别名称"列之前。

⑤ 调整页边距，打印工作表"1 月份产品订单表"。

学习评价

序号	学生自评			小组互评			教师评价		
	★★★	★★	★	★★★	★★	★	★★★	★★	★
任务 1									
任务 2									

项目三

数据输入和获取

🔒 知识目标

1. 熟悉数据类型，能区分数值、文本和公式等不同类型的数据
2. 掌握从外部获取数据的方法

🔒 能力目标

1. 具备熟练输入数值和文本的能力
2. 具备获取 Web 数据、文本数据的能力

🔒 素质目标

1. 养成细心谨慎的职业态度
2. 培养精益求精、追求卓越的工匠精神

 **输入数据**

 **情景导入**

巧妇难为无米之炊。数据分析人员的米就是数据。作为一名数据分析人员，通常有自己常用的数据来源，如企业业务平台产生的数据，或者从公开网站抓取的数据，甚至是记忆的数据。无论原来的数据在哪里，如果需要用到 Excel，都需要有一个将数据输入 Excel 中的环节（除非原始数据形式已经是 Excel）。

知识学习

1. 数据类型

将数据输入工作表中是用 Excel 完成工作最基础的步骤。有些读者可能会想，只要在单元格中输入数据不就行了？实际情况可能不是那么简单。Excel 工作表中有各种数据类型，我们只有理解 Excel 工作表中不同数据类型的含义，分清它们之间的区别，才能更顺利地输入数据。同时，各类数据的输入、使用和修改还有很多方法和技巧，了解和掌握它们可以帮助我们正确、高效地完成工作。

Excel 中的数据类型包括常规、数值、货币、会计专用、日期、时间、百分比、分数、科学记数、文本、特殊和自定义，如图 3-1 所示，可以从【设置单元格格式】选项卡中设置单元格数据类型。一般情况下，系统会根据用户输入的数据内容自动确定数据类型。下面仅介绍常用的数值和文本两类。

（1）数值

数值，是指所有代表数量的数据形式，通常由数字 0～9 及正号（＋）、负号（－）、小数点（.）、百分号（％）、千位分隔符（,）、货币符号（$、¥等）、指数符号（E 或 e）、分数符号（/）等组成。数值型数据可以进行加、减、乘、除以及乘幂等各种数学运算。工资数、学生成绩、员工年龄、销售额等数据，都属于数值。

图 3-1　数据类型

🔍 小贴士

　　为什么日期和时间也是数值？因为在 Excel 中，日期是按整数存储的，时间则是按小数存储的。比如输入数字 1，然后在数字格式中应用"日期"数字格式，则会变成 1900 年 1 月 1 日。如果你感兴趣，还可以输入 0 和-1 试一试，结果是不一样的。Excel 支持从 1900 年 1 月 1 日到 9999 年 12 月 31 日（序号为 2958465）的日期。如果把 12:00:00 的数字格式改为"数值"，则会变成小数 0.50，对应一整天的一半。

　　（2）文本

　　文本，是指一些非数值的文字、符号等，通常由字母、汉字、空格、数字及其他字符组成。例如，"姓名""Excel""A234"等都是文本型数据。文本型数据不能用于数值运算，但可以进行比较和连接运算。连接运算符为"&"，可以将若干个文本首尾相连，形成一个新的文本。例如，"中国"
&"计算机用户"，运算结果为"中国计算机用户"。

文本和数值有时候容易混淆，比如手机号码"13869306205"，银行账号"6230942160000008524"，从外表看它们是数字组成的，但实际上 Excel
把它们作为文本处理，因为它们并不是数值，而是描述性的文本。

2. 公式

公式通常以等号"="开头，用于计算的表达式。当用户在单元格内输入公式并确认后，会在单元格内立即显示公式的运算结果。更改公式所引用的任何单元格内容，公式会自动重新计算并显示新的结果。公式可以是简单的数学表达式，也可以是 Excel 的内置函数，甚至可以是用户自定义的函数。

公式在 Excel 中的重要地位不言而喻，它可以通过单元格中的数值或者文本算出各种所需的结果。公式是 Excel 数据处理分析中最为重要的因素之一。

3. 输入文本

文本是 Excel 工作表中非常重要的一种数据类型。文本可以作为行标题、列标题或工作表说明。在工作表中输入文本型数据时，系统默认为左对齐。如果输入的数据是以数字开头的文本，系统仍视其为文本。Excel 规定，每个单元格最多可以容纳 32 000 个字符，如果在单元格中输

微课 3-1

入的字符超过了单元格的宽度，Excel 自动将超出部分的字符依次显示在右侧相邻的单元格上。如果相邻单元格中含有数据，超出部分的字符将被自动隐藏。

在工作表中输入文本，可以采用以下两种方法。

方法①：在编辑栏中输入。选中待输入文本的单元格，在编辑栏中，输入文本，如图 3-2 所示，然后按"Enter"键。

方法②：在单元格中输入。单击待输入文本的单元格，然后输入文本，或者双击待输入文本的单元格，然后输入文本，如图 3-3 所示。

这两种方法的区别是，前者输入的数据将覆盖选中单元格原有的数据，而后者将保留该单元格原有的数据。

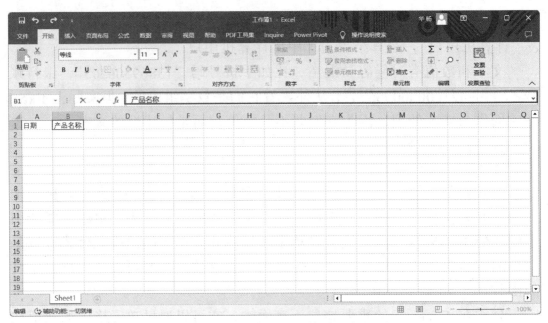

图 3-2　在编辑栏中输入文本

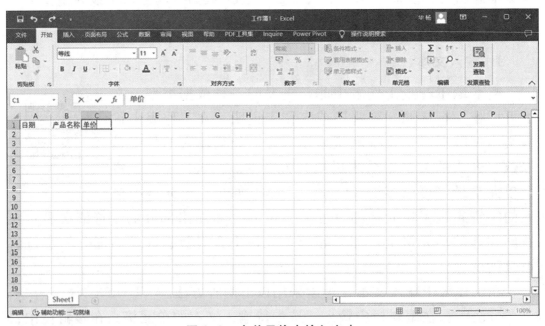

图 3-3　在单元格中输入文本

当输入的文本较长时，可以通过换行将输入的文本全部显示在当前单元格内。单击"开始"选项卡下"对齐方式"组右侧的 按钮，在弹出的"设置单元格格式"对话框中，勾选"自动换行"复选框，如图 3-4 所示。也可以使用"Alt+Enter"组合键自动换行。

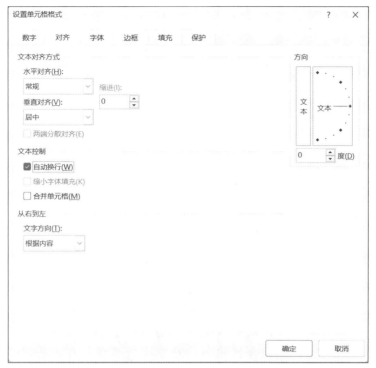

图 3-4　勾选"自动换行"复选框

😎小贴士

　　身份证号码一般为 18 位，如果在单元格中输入一个 18 位的身份证号码，Excel 会将显示方式转换为科学记数法，而且还会将最后 3 位数字变为 0。原因是 Excel 将输入的身份证号码作为数值型数据来处理，而 Excel 能够处理的数值精度为 15 位，超过 15 位的数字则作为 0 来保存。另外，对于超过 11 位的数值型数据，Excel 默认以科学记数法表示。因此，如果需要在单元格中正确保存并显示身份证号码，必须将其作为文本型数据来输入，在输入身份证号码前，先输入一个单引号"'"，然后再输入身份证号码。

4．输入数值

　　数值是 Excel 工作表重要的组成部分，进行数值计算是 Excel 最基本的功能。Excel 中的数值不仅包括普通的数字数值，也包括小数数值和货币数值。在工作表中输入数值型数

微课 3-2

据时，系统默认的对齐方式为右对齐。不同类型数值的输入方法如表 3-1 所示。

表 3-1 数值型数据的输入方法

序号	数值类型	输入方法
1	正数	直接输入
2	负数	如输入"-100"，先输入负号"-"，然后输入"100"；或输入英文状态下的括号"( )"，并在其中输入数据，即输入"(100)"
3	小数	依次输入整数位、小数点和小数位。在输入数据前，应设置单元格的小数位数，然后输入。小数点后不足两位时系统自动补充
4	百分数	依次输入数据和百分号，其中百分号利用"Shift+5"组合键输入。对于小数数值，可以使用"开始"选项卡下"数字"组中 % 按钮，自动转换为百分数
5	分数	依次输入整数部分（真分数则输入"0"）、空格、分子、"/"号和分母。如输入"$2\frac{1}{4}$"，应在选中的单元格中输入"2 1/4"；如果输入纯分数，整数部分的"0"不能省略，如输入"$\frac{1}{4}$"的方法是输入"0 1/4"。如果输入分数的分子大于分母，如"$\frac{15}{4}$"，Excel 将自动进行进位换算，将分数显示为换算后的"整数+真分数"形式，如"3 3/4"；如果输入分数的分子和分母还包含大于 1 的公约数，如"$\frac{3}{15}$"，在单元格中输入数据后，Excel 将自动对其进行约分处理，转换为最简形式，显示为"1/5"
6	日期	依次输入年、月、日数据，中间用"-"或"/"号隔开，如 2023-4-19 或 2020/3/19。在输入日期数据前，应将单元格格式设置为日期格式

续表

序号	数值类型	输入方法
7	时间	默认按 24 小时制输入。依次输入时、分、秒数据，中间用英文状态下的冒号":"隔开，如 11:15:49。在输入时间数据前，应将单元格设置为时间格式
8	货币	依次输入货币符号和数据，其中，英文状态下按"Shift+4"组合键可输入美元符号"$"，中文状态下按"Shift+4"组合键可输入人民币符号"￥"

小贴士

如果单元格中数据显示为"########"，则说明单元格的宽度不够。通过增加该单元格的宽度，可以将数据完整显示出来。

5. 快速输入数据

数据输入是一项比较烦琐的工作，尤其是当输入的数据量比较大、重复的数据比较多时，输入的工作量很大，而且容易出现错误。对此，Excel 提供了自动填充数据、自动更正数据、查找和替换数据等功能来减少数据输入错误，提高输入效率。

微课 3-3

（1）自动填充数据

① 填充相同数据。

在连续的单元格中输入相同数据，可以使用填充柄，其操作步骤如下。

步骤①：在单元格区域的第 1 个单元格中输入第 1 个数据。

步骤②：选中已输入数据的单元格，这时该单元格周围有绿粗框，右下角有一个绿色小矩形，称作填充柄。

步骤③：将鼠标指针移至该单元格的填充柄处，此时鼠标指针会变成十字形状，按住鼠标左键拖动至所需单元格，释放鼠标左键。填充结果如图 3-5 所示。其中，A1 单元格中的数据是先输入的，其余单元格中的数据是填充得到的。

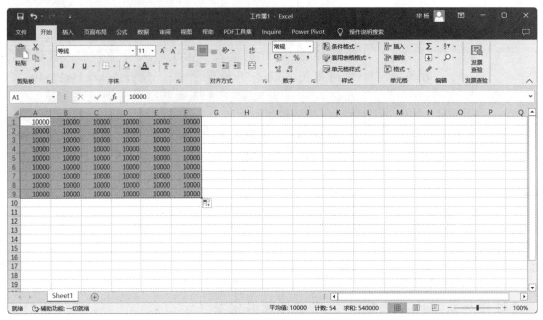

图 3-5　自动填充数据

小贴士

　　一次性输入多个 0，如快速输入"8 000 000"，只需要输入"8**6"，6 的意思是输入数字有 6 个 0。

　　② 填充等差序列数据。

　　等差序列是指在单元格区域中两个相邻单元格的数据之差等于一个固定值。如 1、4、7……就是等差序列。要输入等差序列数据，可以使用以下步骤。

　　步骤①：在单元格区域的前两个单元格中分别输入序列中的前两个数据。

　　步骤②：选中已输入数据的两个单元格。

　　步骤③：将鼠标指针移至第 2 个单元格的填充柄处，当鼠标指针变成十字形状时，按住鼠标左键拖动至所需的单元格，释放鼠标左键。填充结果如图 3-6 所示。其中，单元格区域中的数据"1"和"4"是先输入的，其余数据是填充得到的。

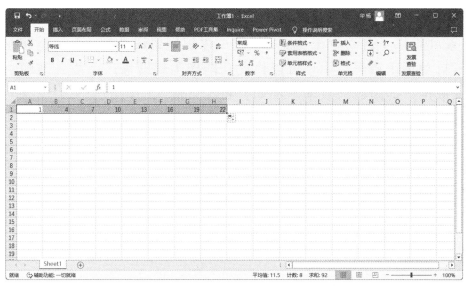

图 3-6　填充等差序列数据

③ 填充日期数据。

Excel 提供的日期填充方法非常智能，能够根据输入的日期进行逐日、逐月或逐年填充，也可以按照工作日填充，具体操作步骤如下。

步骤①：输入第 1 个日期。

步骤②：选中已输入数据的单元格，将鼠标指针移至该单元格填充柄处，当鼠标指针变成十字形状后，按住鼠标左键拖动至所需的单元格，释放鼠标，单击单元格右下角出现的"自动填充选项"按钮，此时弹出快捷菜单（见图 3-7），选择相应命令完成相应内容的填充。

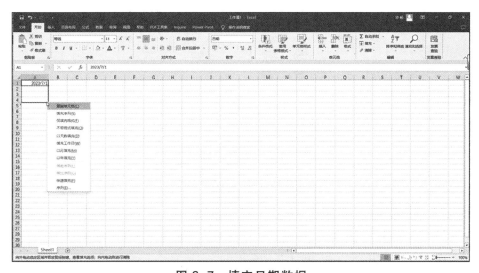

图 3-7　填充日期数据

（2）自动更正数据

Excel 提供了自动更正功能，不仅可以识别错误数据，而且能够在数据输入时自动更正错误。用户可以将此功能作为辅助输入手段，准确、快速地输入数据、提高输入效率。例如，将经常输入的词汇定义为键盘上的一个特殊字符，当输入这个特殊字符时，Excel 自动将其替换为相应的词汇。设置自动更正的操作步骤如下。

步骤①：在"文件"选项卡下选择"选项"命令，打开"Excel 选项"对话框，单击"校对"标签，打开"校对"选项卡，如图 3-8 所示。

步骤②：单击"自动更正选项"区域中的"自动更正选项"按钮，弹出"自动更正"对话框。

图 3-8 "校对"选项卡

步骤③：在"替换"文本框中输入被替换的字符，在"为"文本框中输入要替换的内容，如将"HQ 有限责任公司"替换为"HQ 公司"，如图 3-9 所示。单击"添加"按钮，将其添加到文本框下方的列表中，单击"确定"按钮，关闭"自动更正"对话框。

图 3-9　"自动更正"对话框

（3）查找和替换数据

查找和替换是一种快速自动修改数据的好方法，尤其在对长文档的多处相同内容进行修改时十分方便，且不会发生数据遗漏。查找，是将光标定位在与查找数据相符的单元格上；替换，是将与查找数据相符的单元格内原有数据替换为新的数据。

进行查找和替换前，首先要选中查找范围。如果在整张工作表中进行查找，则需要先选中任意一个单元格；如果在某一个单元格区域中进行查找，则需要先选中该区域。选中查找范围后，可按如下步骤进行操作。

步骤①：在"开始"选项卡的"编辑"组中单击"查找和选择"下拉按钮，打开下拉列表，如图 3-10 所示。

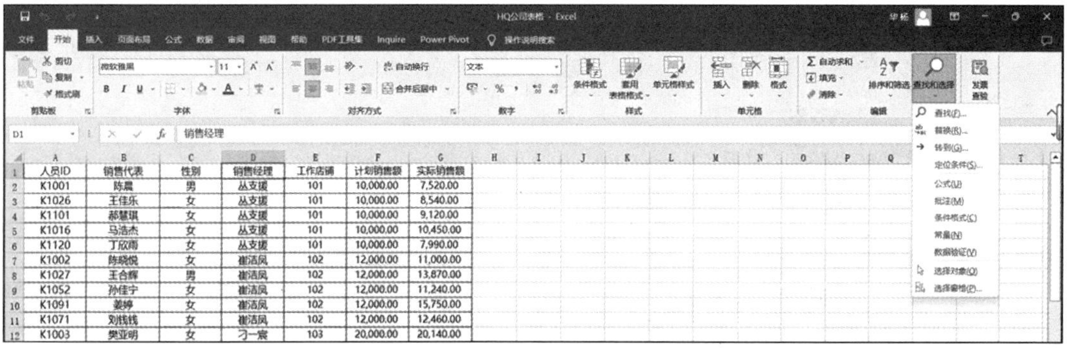

图 3-10　"查找和选择"下拉列表

步骤②：选择"查找"命令，弹出"查找和替换"对话框。在"查找"选项卡下的"查找内容"文本框中输入查找的内容，如"董雅茹"，单击"查找下一个"按钮，系统会自动检索下一条匹配的记录，单击"查找全部"按钮，则显示查找的全部结果，如图3-11所示。

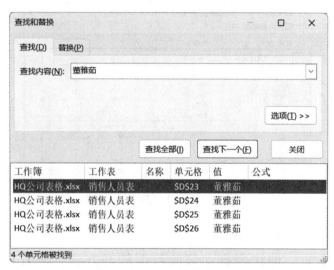

图3-11　查找的全部结果

步骤③：在"查找和替换"对话框中，单击"替换"标签，在"查找内容"文本框中输入被替换的内容，在"替换为"文本框中输入要替换的内容，如图3-12所示。若单击"全部替换"按钮，则将文档中所有与查找内容相符的单元格的内容全部替换为新内容；若单击"查找下一个"按钮，找到相符的单元格后再单击"替换"按钮，则只替换当前找到的内容。

图3-12　"替换"选项卡

小贴士

　　在 Excel 中，用户不仅可以根据输入的查找内容进行精确查找，也可以使用通配符进行模糊查找。Excel 的通配符有两个，即星号"*"和问号"？"。其中，星号"*"代替任意数目的字符，可以是单个字符也可以是多个字符，如查找以"计算机"开头的文本，可以在"查找内容"文本框中输入"计算机*"；问号"？"可以代替任何单个字符，如查找以"Ex"开头、"l"结尾的有 5 个字母的单词，则在"查找内容"文本框中输入"Ex？？l"。

 学思园地

　　党的十九大报告中指出：建设知识型、技能型、创新型劳动者大军，弘扬劳模精神和工匠精神，营造劳动光荣的社会风尚和精益求精的敬业风气。数据输入马虎不得，我们应本着工匠精神，确保每一个数据、每一张表格都准确无误。

 任务实训

　　新建 Excel 工作表"2023 年第一季度 HQ 公司办公室绩效工资发放表"，数据如表 3-2 所示。

表 3-2　2023 年第一季度 HQ 公司办公室绩效工资发放表

2023 年第一季度 HQ 公司办公室绩效工资发放表

部门盖章：办公室　　　　　　　　　　　　　　　　制表时间：2023 年 4 月 5 日

序号	工号	工资卡号	教师姓名	身份证号	实发金额/元	备注
1	B1001	6236682160000081213	谷浩然	370102197003062959	9,938.00	
2	B1002	6236682160000083456	霍安娜	370303197810180021	9,999.00	
3	B1003	6236682160000083452	李燕	370632198405136142	8,184.00	
4	B1004	6236682160000082123	刘嘉彤	370305200106102811	2,431.00	病假10 天

续表

序号	工号	工资卡号	教师姓名	身份证号	实发金额/元	备注
5	B1005	6230942160000000120	刘宇	370303198910131740	6,430.00	
6	B1006	6230942160000004325	孙语桐	130402199711211545	9,953.00	
7	B1007	6230942160000008127	辛策	370303196801073961	10,538.00	
合计					57,473.00	

部门负责人：　　　　　　审核人：　　　　　　　　制表人：

任务 2　获取数据

情景导入

Excel 2016 具有相当强大的数据获取工具，除了可以与企业数据库建立连接、直接获取数据外，还可以从多个本地的数据表中抽取、整理和转化数据，并做到实时更新，有利于提高工作效率。

知识学习

获取数据，是指根据数据分析的需求获取相关原始数据的过程。Excel不仅可以使用工作簿中的数据，还可以访问外部文件。Excel 中获取外部数据的来源有"自 Access""自 Web""自文本""自其他来源""现有连接"等，如图 3-13 所示。

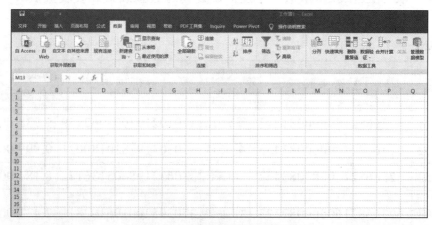

图 3-13　获取外部数据的来源

1. 获取 Web 数据

Excel 可以将互联网上的表格数据抓取下来。以从和讯网获取 2022 年格力电器利润表为例，介绍数据获取过程，具体操作步骤如下。

微课 3-4

步骤①：在和讯网找到 2022 年格力电器利润表数据，如图 3-14 所示。

图 3-14　2022 年格力电器利润表

步骤②：新建一个 Excel 工作表，命名为"2022 年格力电器利润表"。

步骤③：在"数据"选项卡的"获取外部数据"组中单击"自 Web"按钮，在弹出的"新建 Web 查询"对话框中，复制步骤①的网址并粘贴到"地址"文本框中，单击"转到"按钮，等待加载完成，单击"导入"按钮，如图 3-15 所示。

步骤④：系统加载完成，弹出"导入数据"对话框，如图 3-16 所示，选择数据放置位置，单击"确定"按钮。

步骤⑤：系统自动将网页内容加载到工作表，可以使用前面学习过的工作表知识，对工作表进行整理，整理完成后的工作表如图 3-17 所示。

图 3-15　粘贴网址　　　　　　图 3-16　"导入数据"对话框

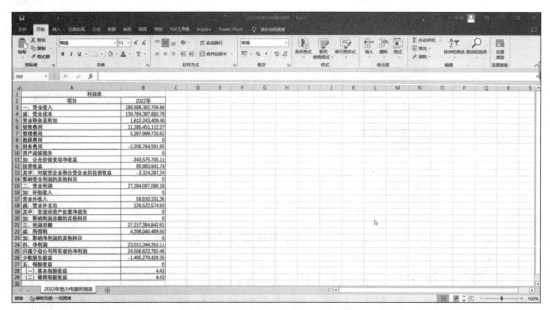

图 3-17　2022 年格力电器利润表

2．获取文本数据

文本数据有分隔符号和固定宽度两种导入方式，可根据导入向导逐步完成操作。

（1）分隔符号导入文本数据

在"分隔符号"方式下，源数据字段之间一般存在分隔符 Tab 键、分号、逗号、空格或其他形式的符号，这样系统可根据设定将源文件拆分成不同的列，并列示于 Excel 表格中。以导入一张 HQ 公司固定资产卡片为例，介绍如何获取文本数据，具体操作步骤如下。

步骤①：新建一张空白 Excel 工作表，命名为"HQ 公司固定资产卡片"。

步骤②：在"数据"选项卡下单击"获取外部数据"组中的"自文本"按钮，在弹出的"导入文本文件"对话框中选择需要导入的文本文件，并单击"导入"按钮。

步骤③：在弹出的"文本导入向导"第 1 步对话框（见图 3-18）中，选中"分隔符号"单选项，单击"下一步"按钮。

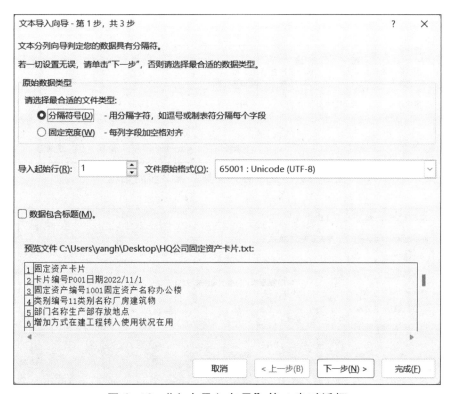

图 3-18 "文本导入向导"第 1 步对话框

步骤④：在弹出的"文本导入向导"第 2 步对话框（见图 3-19）中，在"分隔符号"列表中勾选"Tab 键"复选框，单击"下一步"按钮。

步骤⑤：在弹出的"文本导入向导"第 3 步对话框（见图 3-20）中，在"列数据格式"列表中选中"常规"单选项，单击"完成"按钮。需要说明的是，选中"常规"单选项，系统会将该列数据转换为数值格式，将日期转换为日期格式，将其他数据格式转换为文本格式；若选中"不导入此列（跳过）"单选项，可以将不需要的数据删除。

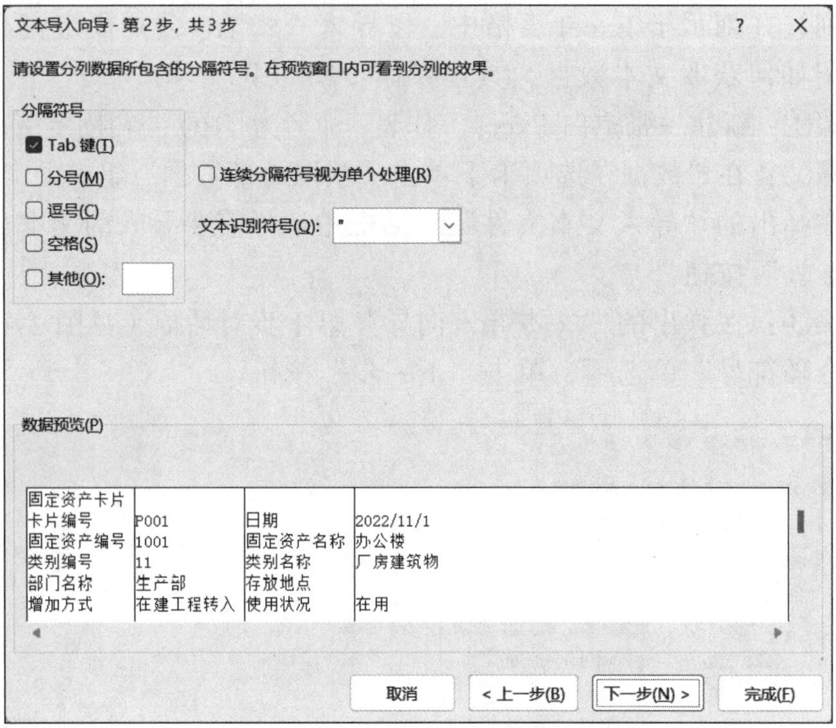

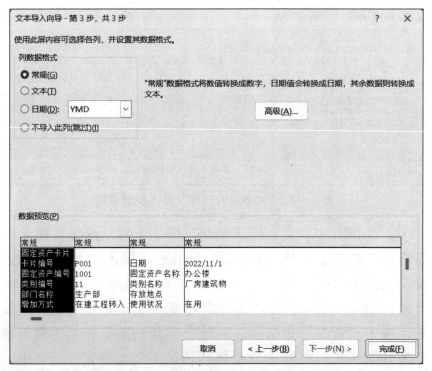

图 3-19　"文本导入向导"第 2 步对话框

图 3-20　"文本导入向导"第 3 步对话框

步骤⑥：弹出“导入数据”对话框（见图 3-21），数据放置位置使用默认位置，单击“确定”按钮。

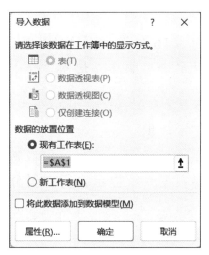

图 3-21 “导入数据”对话框

步骤⑦：系统自动将文本数据加载到工作表，可以使用前面学习过的工作表知识，对工作表进行整理，整理完成后的工作表如图 3-22 所示。

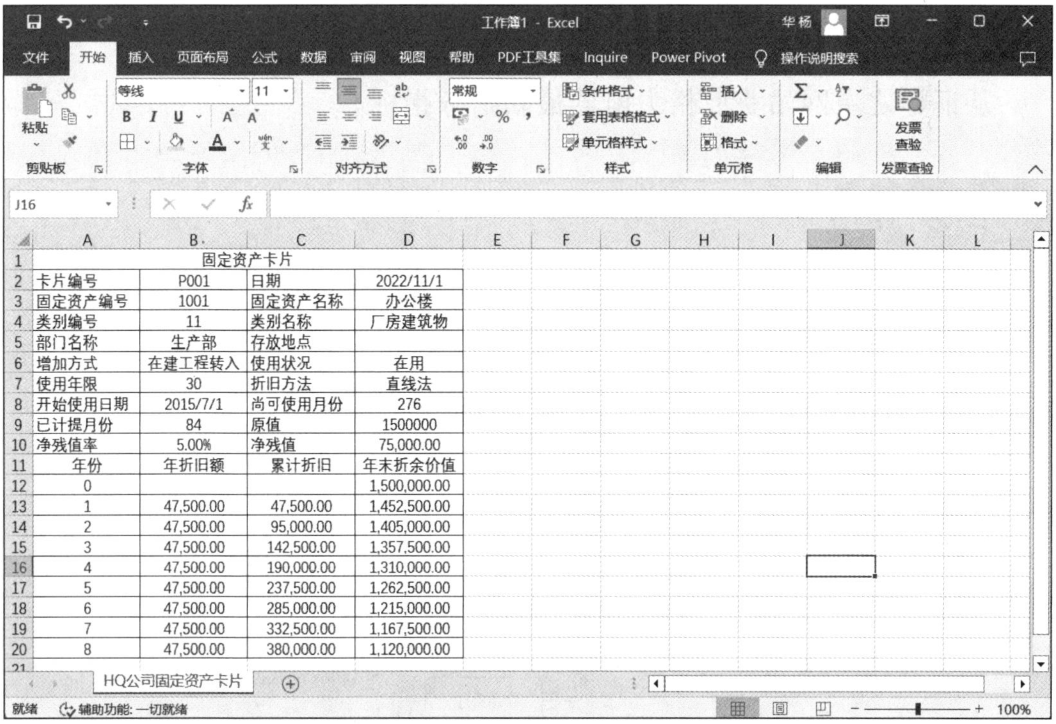

固定资产卡片			
卡片编号	P001	日期	2022/11/1
固定资产编号	1001	固定资产名称	办公楼
类别编号	11	类别名称	厂房建筑物
部门名称	生产部	存放地点	
增加方式	在建工程转入	使用状况	在用
使用年限	30	折旧方法	直线法
开始使用日期	2015/7/1	尚可使用月份	276
已计提月份	84	原值	1500000
净残值率	5.00%	净残值	75,000.00
年份	年折旧额	累计折旧	年末折余价值
0			1,500,000.00
1	47,500.00	47,500.00	1,452,500.00
2	47,500.00	95,000.00	1,405,000.00
3	47,500.00	142,500.00	1,357,500.00
4	47,500.00	190,000.00	1,310,000.00
5	47,500.00	237,500.00	1,262,500.00
6	47,500.00	285,000.00	1,215,000.00
7	47,500.00	332,500.00	1,167,500.00
8	47,500.00	380,000.00	1,120,000.00

图 3-22 HQ 公司固定资产卡片

步骤⑧：单击"保存"按钮，保存工作簿为"HQ公司固定资产卡片"。

小贴士

导入数据后，Excel 2016 会将导入的数据作为外部数据区域，当原始数据有改动时，可以单击"数据"选项卡下"连接"组的"全部刷新"按钮刷新数据。

（2）固定宽度导入文本数据

如果源文件中不存在类似的分隔符号，可以选择固定宽度方式执行文本数据的导入，此时只要根据系统提示自行在需分列处划出分隔线即可。

小贴士

无论采用哪种方式导入，导入后的 Excel 表格都可能存在数据串位或字段尚未分开的现象，需要对数据进行规范化处理。

任务实训

从证券之星网站获取格力电器最新财务指标。

思维导图

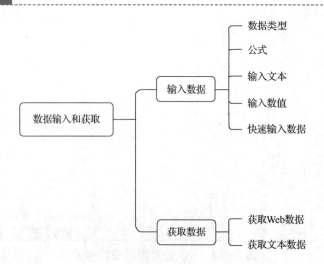

巩固提升

1. 理论夯实

（1）单选题

① 银行账号是（　　）型数据。

    A．数值   B．文本

    C．公式   D．逻辑值

② 百分号利用（　　）输入。

    A．"Shift+5"组合键   B．"Ctrl+5"组合键

    C．"Alt+5"组合键   D．"Enter+5"组合键

③ （　　），是将光标定位在与查找数据相符的单元格上。

    A．查找   B．替换

    C．输入   D．填充

（2）多选题

① Excel 中的数据类型有（　　）。

    A．数值   B．文本

    C．公式   D．逻辑值

② 输入日期时，中间用（　　）号隔开。

    A．"-"   B．"/"

    C．"——"   D．"!"

③ Excel 中获取外部数据的来源有（　　）。

    A．"自 Access"   B．"自 Web"

    C．"自文本"   D．"自其他来源"

（3）判断题

① 输入纯分数，整数部分的 0 可以省略。（　　）

② 中文状态下按"Shift+4"组合键可输入美元符号"$"。（　　）

③ Excel 只能自动填充相同的数据。（　　）

2. 实践操作

新建一张 Excel 工作表，输入 2022 年 HQ 公司资产负债表数据。

学习评价

序号	学生自评			小组互评			教师评价		
	★★★	★★	★	★★★	★★	★	★★★	★★	★
任务 1									
任务 2									

项目四

数据处理

知识目标

1. 了解排序、筛选和分类汇总的区别与联系
2. 掌握运算符和常用的函数
3. 熟悉数据透视表和数据透视图
4. 掌握一维数据表和二维数据表的联系与区别
5. 熟悉数据清洗及其包括的内容

能力目标

1. 具备完成排序、筛选和分类汇总等操作的能力
2. 具备使用公式和函数进行数据计算的能力
3. 具备应用数据透视表和数据透视图的能力
4. 具备转换一维、二维数据表和互换数据表行列的能力
5. 具备完成数据清洗的能力

素质目标

1. 养成财务数据整理规范的习惯
2. 培养执着专注、精益求精、一丝不苟、追求卓越的工匠精神

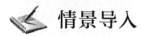 **管理数据**

情景导入

在财务日常工作中，我们拿到的数据一般会有特定的顺序，当查看这些数据的角度发生变化时，为了方便查看，常常会对其重新进行排序；在面对大量的数据时，我们可以通过筛选功能快速查找出目标数据；也可以使用分类汇总功能，即按照设定的字段对数据进行分组，并在此基础上统计其他需要求和、求平均值和计数等计算操作的字段。

知识学习

随着数据量的增加，找到需要的数据变得越来越困难。但是，Excel 中有非常实用的功能，如排序、筛选、分类汇总等，可以帮助用户轻松地定位和管理数据。需要注意的是，应用 Excel 的数据管理功能时，有关的工作表要求具有一定的规范性。符合一定规范的工作表被称为数据清单或表单、列表。通常约定每一列作为一个字段，存放相同类型的数据；每一行作为一条记录，存放相关的一组数据；数据的最上方一行作为字段名，存放各字段的名称信息。数据中间应避免出现空行或空列，否则会影响数据管理的操作。

以 HQ 公司表格为例，介绍排序、筛选和分类汇总等操作。

1. 排序

排序，是指按照特定列的值从大到小或从小到大排列数据。排序的好处在于可以快速找到所需数据，或者发现数据间规律和趋势。排序时，数值型数据按数值的大小排序；日期型数据按日期先后排序；中文文本在默认状态下是依照笔画排序的，也可设置为按拼音排序；英文文本的排序则依据字母的顺序而定。Excel 可以实现单条件排序、多条件排序和自定义排序 3 种排序功能。

微课 4-1

（1）单条件排序

单条件排序，是指根据一列的数据对整个数据表按照升序或降序进行排列。单条件排序操作一般可以通过"数据"选项卡中"排序和筛选"组的"升序"和"降序"按钮实现，二者分别实现按递增方式和递减方式对数据进行排序。此外，"开始"选项卡的"编辑"组中也有"排序和筛选"下拉按钮。

图4-1中，工作表"销售人员表"的原始信息是按照字段"人员ID"排列的，可以通过单条件排序操作使其按字段"实际销售额"重新排列。

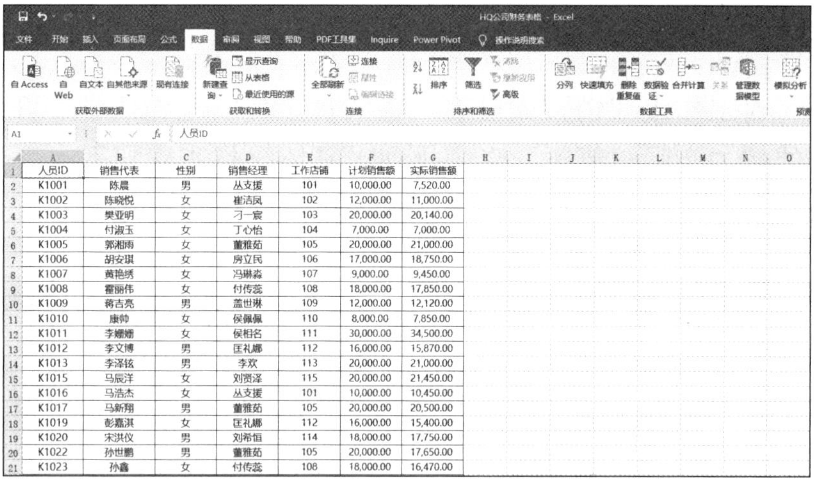

图4-1 按字段"人员ID"排序

步骤①：单击排序依据的字段名"实际销售额"或其所在列的任意单元格。

步骤②：在"数据"选项卡下的"排序和筛选"组中单击"升序"按钮，如图4-2所示。

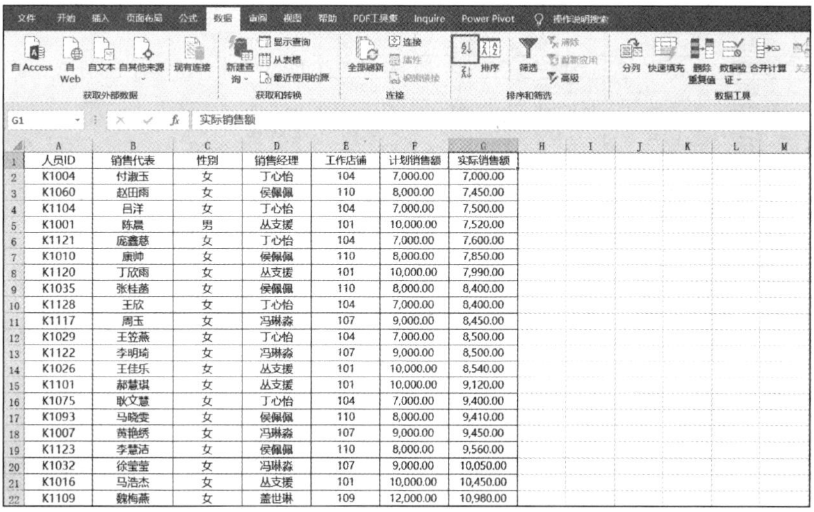

图4-2 按字段"实际销售额"升序排列

（2）多条件排序

使用"升序"或"降序"按钮排序方便、快捷，但是每次只能按一个条件排序，有时候需要使用多条件排序。多条件排序需要先选中工作表中任意一个单元格，再在"数据"选项卡的"排序和筛选"组中单击"排序"按钮，在弹出的"排序"对话框中单击"添加条件"按钮，设置主要关键字和次要关键字的字段名称、排序依据和次序等条件，实现对数据表进行多条件排序。

例如，对工作表"销售人员表"中的员工按"工作店铺"升序排列，同一店铺的按"实际销售额"降序排列，具体操作步骤如下。

步骤①：选中数据区域内的任意单元格，如图 4-3 所示。

人员ID	销售代表	性别	销售经理	工作店铺	计划销售额	实际销售额
K1001	陈晨	男	丛支援	101	10,000.00	7,520.00
K1026	王佳乐	女	丛支援	101	10,000.00	8,540.00
K1101	郝慧琪	女	丛支援	101	10,000.00	9,120.00
K1016	马浩杰	女	丛支援	101	10,000.00	10,450.00
K1120	丁欣雨	女	丛支援	101	10,000.00	7,990.00
K1002	陈晓悦	女	崔洁凤	102	12,000.00	11,000.00
K1027	王合辉	男	崔洁凤	102	12,000.00	13,870.00
K1052	孙佳宁	女	崔洁凤	102	12,000.00	11,240.00
K1091	姜婷	女	崔洁凤	102	12,000.00	15,750.00
K1071	刘钱钱	女	崔洁凤	102	12,000.00	12,460.00
K1003	樊亚明	女	刁一宸	103	20,000.00	20,140.00
K1028	王丽	女	刁一宸	103	20,000.00	23,100.00
K1053	李莉	女	刁一宸	103	20,000.00	18,750.00
K1116	王方园	女	刁一宸	103	20,000.00	19,450.00
K1096	陈家赢	女	刁一宸	103	20,000.00	18,000.00
K1004	付淑玉	女	丁心怡	104	7,000.00	7,000.00
K1029	王笠燕	女	丁心怡	104	7,000.00	8,500.00
K1104	吕洋	女	丁心怡	104	7,000.00	7,500.00
K1128	王欣	女	丁心怡	104	7,000.00	8,400.00
K1121	庞鑫慈	女	丁心怡	104	7,000.00	7,600.00
K1075	耿文慧	女	丁心怡	104	7,000.00	9,400.00

图 4-3　选中数据区域内的任意单元格

步骤②：在"数据"选项卡下的"排序和筛选"组中单击"排序"按钮。

步骤③：弹出"排序"对话框，排序依据选择"工作店铺"，次序选择"升序"，然后单击"添加条件"按钮，增加次要关键字"实际销售额"，次序选择"降序"，如图 4-4 所示。

图 4-4　设置排序条件

小贴士

在"排序依据"下拉列表中，可以选择"单元格值""单元格颜色""字体颜色""条件格式图标"作为排序依据，在"次序"下拉列表中，可以选择"升序""降序""自定义序列"。

步骤④：单击"确定"按钮，关闭"排序"对话框，即可完成多条件排序，排序结果如图 4-5 所示。

人员ID	销售代表	性别	销售经理	工作店铺	计划销售额	实际销售额
K1016	马浩杰	女	丛支援	101	10,000.00	10,450.00
K1101	郝慧琪	女	丛支援	101	10,000.00	9,120.00
K1026	王佳乐	女	丛支援	101	10,000.00	8,540.00
K1120	丁欣雨	女	丛支援	101	10,000.00	7,990.00
K1001	陈晨	男	丛支援	101	10,000.00	7,520.00
K1091	姜婷	女	崔洁凤	102	12,000.00	15,750.00
K1027	王合辉	男	崔洁凤	102	12,000.00	13,870.00
K1071	刘钱钱	女	崔洁凤	102	12,000.00	12,460.00
K1052	孙佳宁	女	崔洁凤	102	12,000.00	11,240.00
K1002	陈晓悦	女	崔洁凤	102	12,000.00	11,000.00
K1028	王丽	女	刁一宸	103	20,000.00	23,100.00
K1003	樊亚明	女	刁一宸	103	20,000.00	20,140.00
K1116	王方园	女	刁一宸	103	20,000.00	19,450.00
K1053	李莉	女	刁一宸	103	20,000.00	18,750.00
K1096	陈家赢	女	刁一宸	103	20,000.00	18,000.00
K1075	耿文慧	女	丁心怡	104	7,000.00	9,400.00
K1029	王笠燕	女	丁心怡	104	7,000.00	8,500.00
K1128	王欣	女	丁心怡	104	7,000.00	8,400.00
K1121	庞鑫慈	女	丁心怡	104	7,000.00	7,600.00
K1104	吕洋	女	丁心怡	104	7,000.00	7,500.00
K1004	付淑玉	女	丁心怡	104	7,000.00	7,000.00

图 4-5　按"工作店铺"和"实际销售额"进行多条件排序

除了可以按关键字升序和降序排列，"排序"对话框还可以实现按汉字笔划数量排序，这在按姓名等字段排序时经常用到。其具体操作方法是在打开的"排序"对话框中，单击"选项"按钮，弹出"排序选项"对话框（见图 4-6），选中"笔划排序"单选项，单击"确定"按钮，即可实现按关键字的笔划数量排序。

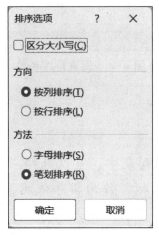

图 4-6 "排序选项"对话框

（3）自定义排序

对于某些字段，无论是按拼音排序还是按笔划数量排序都不符合要求，如学历、职务、职称等字段，对此 Excel 还设置了用户自定义序列排序的功能。以工作表"员工信息表"为例，对 HQ 公司的员工按"部门""学历"排序，部门按升序排列，学历按"研究生""本科""大专""中专"自定义排序。

步骤①：选中数据区域内的任意单元格。

步骤②：在"数据"选项卡下的"排序和筛选"组中单击"排序"按钮。

步骤③：弹出"排序"对话框，勾选右上角的"数据包含标题"复选框，排序依据选择"部门"，次序选择"升序"，然后单击"添加条件"按钮，增加次要关键字"学历"，次序选择"自定义序列"，如图 4-7 所示。

步骤④：弹出"自定义序列"对话框，在"输入序列"列表中输入"研究生""本科""大专""中专"，注意，不同学历之间用英文","隔开，输入完成后单击"添加"按钮，如图 4-8 所示。

图 4-7　选择"自定义序列"

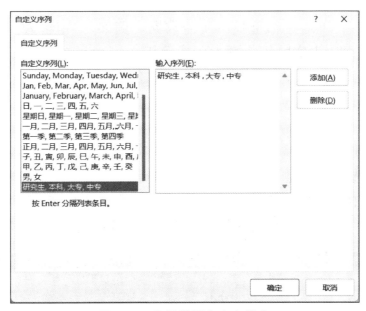

图 4-8　设置学历自定义排序

步骤⑤：单击"确定"按钮，关闭"自定义序列"对话框，返回"排序"对话框，单击"确定"按钮，如图 4-9 所示，即可完成自定义排序操作。

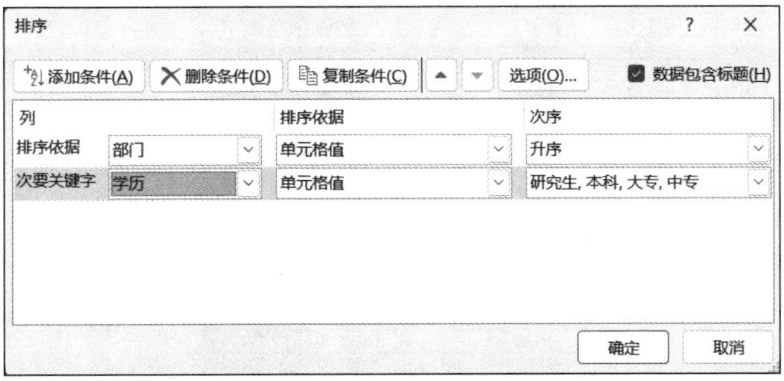

图 4-9　"学历"自定义排序

小贴士

当选择"自定义序列"命令后，只要不重新选择，以后对该字段的排序操作都将按指定的自定义序列排序，包括单击"数据"选项卡下"排序和筛选"组的"升序"和"降序"按钮。

2. 筛选

筛选，是一种可快速找出目标数据的方法，因此在面对大量的数据时，可通过筛选找出所需数据。例如，"销售人员表"中需要筛选出实际销售额大于或等于 30 000 元的销售代表，"员工信息表"中需要筛选出生产部年满 30 岁、本科以上学历的员工等。Excel 提供了自动筛选和高级筛选两种筛选方法。

微课 4-2

（1）自动筛选

自动筛选可以满足日常需要的大多数筛选需求。以筛选实际销售额大于或等于 30 000 元的销售代表为例，讲解具体操作步骤。

步骤①：选中筛选列"实际销售额"，如图 4-10 所示。

人员ID	销售代表	性别	销售经理	工作店铺	计划销售额	实际销售额
K1001	陈晨	男	丛支援	101	10,000.00	7,520.00
K1002	陈晓悦	女	崔洁凤	102	12,000.00	11,000.00
K1003	樊亚明	女	刁一宸	103	20,000.00	20,140.00
K1004	付淑玉	女	丁心怡	104	7,000.00	7,000.00
K1005	郭湘雨	女	董雅茹	105	20,000.00	21,000.00
K1006	胡安琪	女	房立民	106	17,000.00	18,750.00
K1007	黄艳绣	女	冯琳淼	107	9,000.00	9,450.00
K1008	霍丽伟	女	付传蕊	108	17,000.00	17,850.00
K1009	蒋吉亮	男	盖世琳	109	12,000.00	12,120.00
K1010	康帅	女	侯佩佩	110	8,000.00	7,850.00
K1011	李姗姗	女	侯相名	111	30,000.00	34,500.00
K1012	李文博	男	匡礼娜	112	16,000.00	15,870.00
K1013	李泽铉	男	李欢	113	20,000.00	21,000.00
K1015	马辰洋	女	刘贤泽	115	20,000.00	21,450.00
K1016	马浩杰	女	丛支援	101	10,000.00	10,450.00
K1017	马新翔	男	董雅茹	105	20,000.00	20,500.00
K1019	彭嘉淇	女	匡礼娜	112	16,000.00	15,400.00
K1020	宋洪仪	男	刘希恒	114	18,000.00	17,750.00
K1022	孙世鹏	男	董雅茹	105	20,000.00	17,650.00
K1023	孙鑫	女	付传蕊	108	18,000.00	16,470.00
K1024	孙燕云	女	侯相名	111	30,000.00	35,970.00

图 4-10 选中筛选列"实际销售额"

步骤②：单击"数据"选项卡下"排序和筛选"组中的"筛选"按钮，这时"实际销售额"字段名旁会出现一个下拉按钮，如图 4-11 所示。

	A	B	C	D	E	F	G
1	人员ID	销售代表	性别	销售经理	工作店铺	计划销售额	实际销售额
2	K1001	陈晨	男	丛支援	101	10,000.00	7,520.00
3	K1002	陈晓悦	女	崔洁凤	102	12,000.00	11,000.00
4	K1003	樊亚明	女	刁一宸	103	20,000.00	20,140.00
5	K1004	付淑玉	女	丁心怡	104	7,000.00	7,000.00
6	K1005	郭湘雨	女	董雅茹	105	20,000.00	21,000.00
7	K1006	胡安琪	女	房立民	106	17,000.00	18,750.00
8	K1007	黄艳绣	女	冯琳淼	107	9,000.00	9,450.00
9	K1008	霍丽伟	女	付传蕊	108	18,000.00	17,850.00
10	K1009	蒋吉亮	男	盖世琳	109	12,000.00	12,120.00
11	K1010	康帅	女	侯佩佩	110	8,000.00	7,850.00
12	K1011	李姗姗	女	侯相名	111	30,000.00	34,500.00
13	K1012	李文博	男	匡礼娜	112	16,000.00	15,870.00
14	K1013	李泽铭	男	李欢	113	20,000.00	21,000.00
15	K1015	马辰洋	女	刘贤泽	115	20,000.00	21,450.00
16	K1016	马浩杰	男	丛支援	101	10,000.00	10,450.00
17	K1017	马新翔	男	董雅茹	105	20,000.00	20,500.00
18	K1019	彭嘉淇	女	匡礼娜	112	16,000.00	15,400.00
19	K1020	宋洪仪	男	刘希恒	114	18,000.00	17,750.00
20	K1022	孙世鹏	男	董雅茹	105	20,000.00	17,650.00
21	K1023	孙鑫	女	付传蕊	108	18,000.00	16,470.00
22	K1024	孙燕云	女	侯相名	111	30,000.00	35,970.00

图 4-11 单击"筛选"按钮

步骤③：单击"实际销售额"旁边的下拉按钮，打开下拉列表，单击"数字筛选"旁的箭头，显示筛选条件，如图 4-12 所示。

图 4-12 筛选条件

步骤④：选择"大于或等于"命令，弹出"自定义自动筛选"对话框，设置实际销售额的筛选条件为"大于或等于30000"，单击"确定"按钮，如图4-13所示。

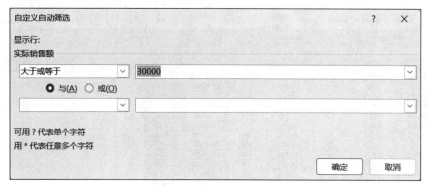

图4-13　自定义自动筛选

步骤⑤：系统自动筛选出满足条件的销售代表，如图4-14所示。

人员ID	销售代表	性别	销售经理	工作店铺	计划销售额	实际销售额
K1011	李姗姗	女	侯相名	111	30,000.00	34,500.00
K1024	孙燕云	女	侯相名	111	30,000.00	35,970.00
K1036	张佳杰	女	侯相名	111	30,000.00	31,500.00
K1050	刘梦菲	女	刘贤泽	115	20,000.00	37,580.00

图4-14　筛选出符合条件的结果

如果要取消"实际销售额大于或等于30000"这一筛选条件，单击"实际销售额"字段的下拉按钮，然后在打开的下拉列表中选择"从'实际销售额'中清除筛选器"命令，如图4-15所示。

 小贴士

如果要取消所有字段的筛选条件，单击"数据"选项卡下"排序和筛选"组中的"清除"按钮，再单击"筛选"按钮，退出筛选状态，字段中的下拉按钮就会消失。

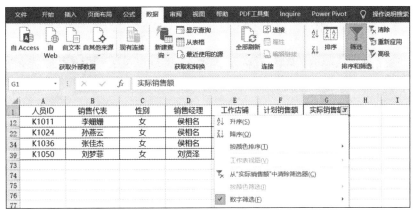

图 4-15 取消筛选条件

（2）高级筛选

高级筛选可以根据用户指定的较为特殊或复杂的筛选条件筛选出自动筛选无法筛选的数据。有些更复杂的筛选，使用"自定义自动筛选"对话框也无法实现，这时就需要使用高级筛选。例如从"员工信息表"中筛选出生产部年满 30 岁、学历为本科及以上的员工。该筛选显然无法使用自动筛选完成。使用高级筛选时，需要先在某个单元格区域（称作条件区域）设置筛选条件。其格式是第一行为字段名，以下各行为相应的条件值。同行条件的关系为"与"，不同行条件的关系为"或"。设置好筛选条件后，即可进行高级筛选操作。

步骤①：在工作表"员工信息表"中，任选单元格区域输入筛选条件，如图 4-16 所示。

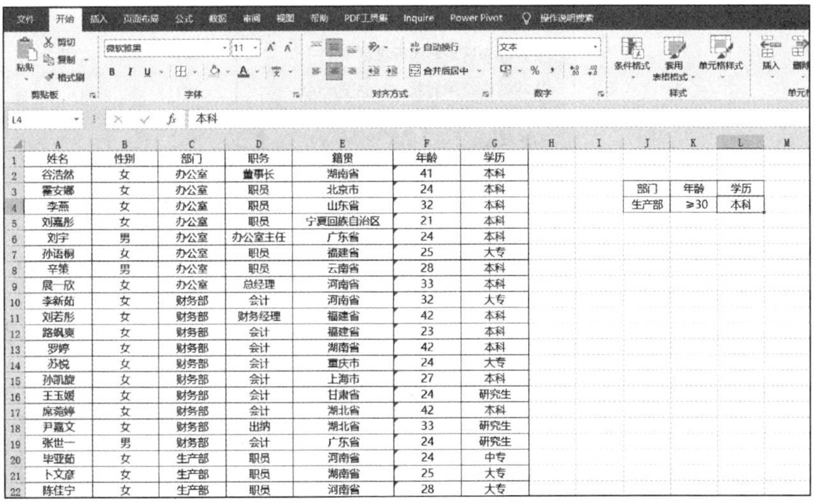

图 4-16 输入筛选条件

步骤②：将"年龄"列的数据类型，修改为数值型，如图4-17所示。

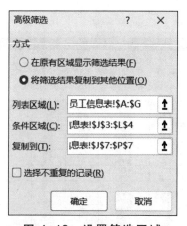

图 4-17 转换为数值型数据

步骤③：单击"数据"选项卡下"排序和筛选"组中的"高级"按钮，弹出"高级筛选"对话框，设置"列表区域""条件区域"等，单击"确定"按钮，如图4-18所示。

图 4-18 设置筛选区域

步骤④：系统执行高级筛选后的结果如图4-19所示。从结果来看，生产部有3位年龄在30岁以上的本科及以上学历员工。

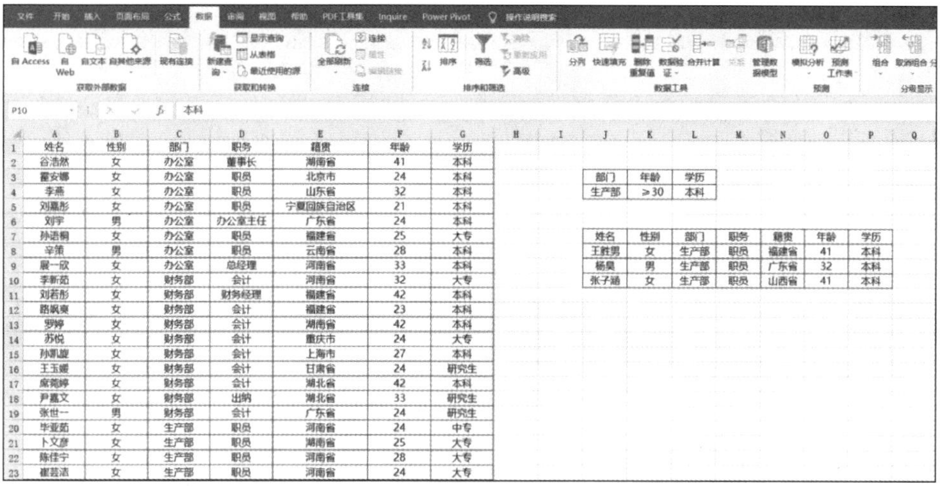

图 4-19　高级筛选结果

小贴士

当选中"在原有区域显示筛选结果"单选项时，通常将条件区域设置在列表区域的下方，以便筛选后能够完整显示筛选条件。

3. 分类汇总

分类汇总可以按照设定的字段对数据进行分组，并在此基础上统计其他需要求和、求平均值和计数等计算操作的字段。分类汇总功能的精髓在于分类，即在进行统计之前，需对要分类的字段进行排序（升序或降序均可），将相同的数据置于一起后，再对列表中的数据进行分类汇总。

微课 4-3

（1）创建分类汇总

创建分类汇总前，首先应该按照分类汇总依据的字段排序，一般可以通过单条件排序实现。以工作表"门店表"中按照所属区域分类汇总销售额为例，介绍分类汇总的具体操作步骤。

步骤①：单击排序依据的字段名"所属区域"或其所在列的任意单元格，在"数据"选项卡下的"排序和筛选"组中单击"升序"按钮，操作结果如图 4-20 所示。

步骤②：在"数据"选项卡下"分级显示"组中单击"分类汇总"按钮，系统弹出"分类汇总"对话框。

	A	B	C	D	E	F	G	H	I	J
1	店铺ID	店铺名称	省份名称	所属区域	销售额					
2	101	哈尔滨市	黑龙江省	东北地区	43,620.00					
3	102	长春市	吉林省	东北地区	64,320.00					
4	103	吉林市	吉林省	东北地区	99,440.00					
5	104	沈阳市	辽宁省	东北地区	40,000.00					
6	105	大连市	辽宁省	东北地区	77,220.00					
7	106	北京市	北京市	华北地区	85,830.00					
8	107	天津市	天津市	华北地区	36,450.00					
9	108	石家庄市	河北省	华北地区	69,680.00					
10	109	济南市	山东省	华东地区	58,600.00					
11	112	杭州市	浙江省	华东地区	77,890.00					
12	113	南京市	江苏省	华东地区	102,030.00					
13	114	合肥市	安徽省	华东地区	79,980.00					
14	111	郑州市	河南省	华中地区	131,770.00					
15	115	武汉市	湖北省	华中地区	104,340.00					
16	110	西安市	陕西省	西北地区	42,670.00					

图 4-20　按"所属区域"升序排列

步骤③：分类字段选择"所属区域"字段，汇总方式选择"求和"方式，选定汇总项选择"销售额"字段，其他选项保持默认设置，如图 4-21 所示。

图 4-21　"分类汇总"对话框

步骤④：单击"确定"按钮，分类汇总的结果如图 4-22 所示。

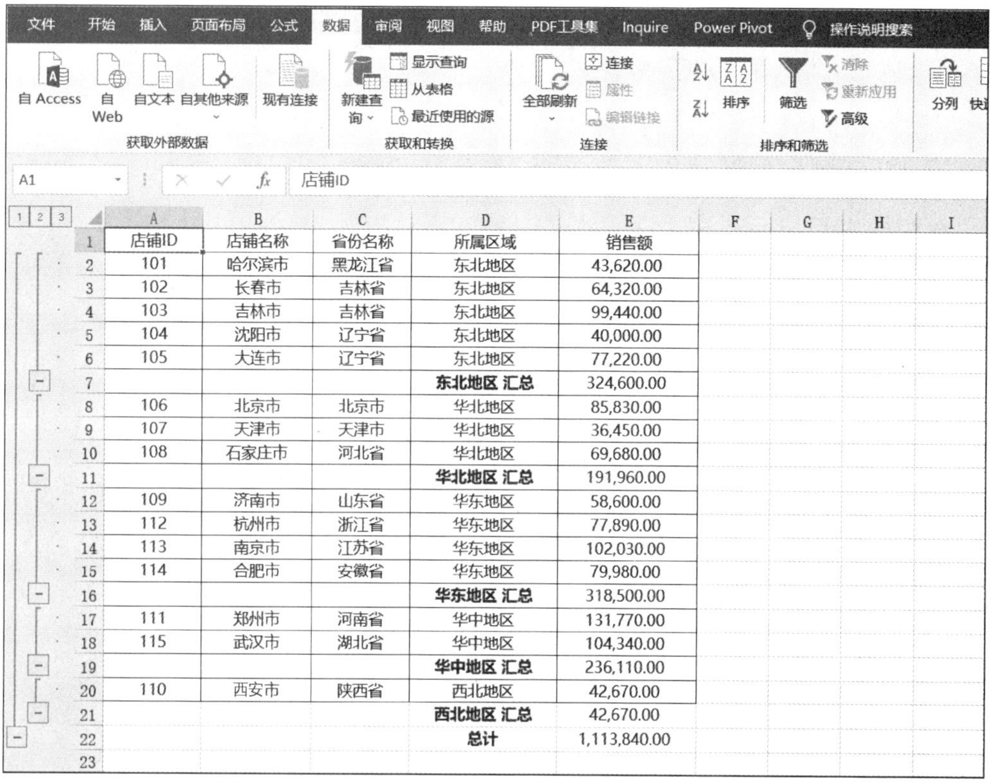

图 4-22　按所属区域分类汇总销售额

🔍 **小贴士**

如果在执行分类汇总命令前，没有按相应字段排序，则分类汇总结果可能会出现相同类别的数据没有全部汇总到一起的情况。

（2）分级显示数据

分类汇总完成后，可根据需要选择分类汇总表的显示层级。从图 4-22 可以看出，在显示分类汇总结果的同时，分类汇总表的左侧出现分级显示符号 [1][2][3] 和分级标识线，可以根据需要分级显示数据。

单击某个分级显示符号，可以将其他的数据隐藏起来，只显示对应层级及以上层级的汇总结果。如单击 1 级分级显示符号，只显示总的汇总结果，即总计数据，如图 4-23 所示。单击 2 级分级显示符号，则显示各区域的汇总结果和总计结果，如图 4-24 所示。单击 3 级分级显示符号，则显示全部数据。

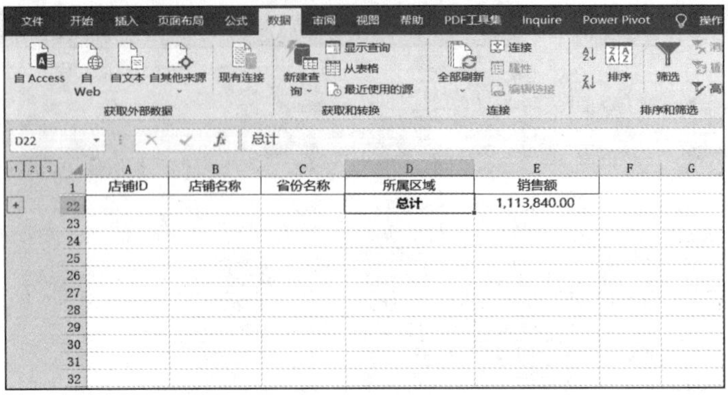

图 4-23　1 级分级显示

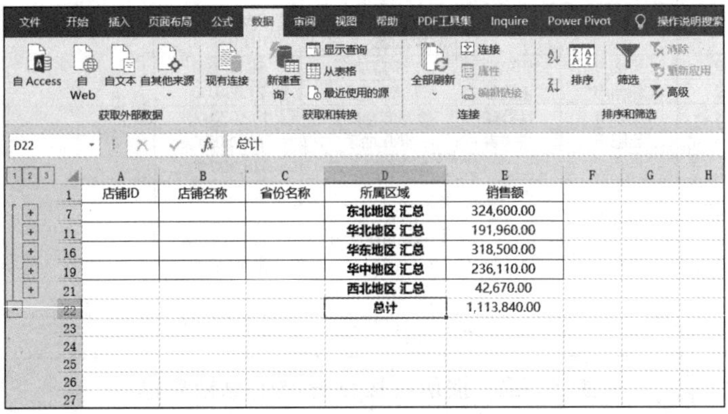

图 4-24　2 级分级显示

如果需要显示或隐藏某一区域销售额的详细数据，可以单击分级标识线上的 "+" 号或 "-" 号，以展开或折叠其详细数据。展开的 "东北地区" 销售额数据如图 4-25 所示。可以看到 "东北地区" 左侧分级标识线上的 "+"号变成了 "-" 号，单击该 "-" 号，可以折叠 "东北地区" 销售额详细数据。

图 4-25　展开的 "东北地区" 销售额数据

任务实训

使用 Excel 工作簿"2023 年 1 月 HQ 公司产品表"中的"1 月份产品订单表",完成以下操作。

（1）按照"门店 ID"升序排列,同一门店按"产品类别名称"升序排列,同一产品按"销售额"降序排列。

（2）筛选出订单日期为"20230101"、销售额≥2000 元的订单。

（3）分类汇总各店铺在 2023 年 1 月的销售额。

任务2 计算数据

 情景导入

Excel 强大的数据计算和分析功能主要体现在对公式和函数的应用上。利用公式,可以进行加、减、乘、除等简单计算,也可以完成统计分析等复杂计算,还可以对文本字符串进行比较和连接等处理;除了可以使用运算符连接常量、单元格地址和名称的简单公式进行数据计算外,Excel 还可以使用函数计算,Excel 提供了多种函数,使用这些函数可以大大简化公式,并能实现更为复杂的数据计算。

 知识学习

1. 使用公式计算数据

（1）公式

公式,是 Excel 工作表中用于对单元格数据进行各种运算的等式,以等号"="开始,通过使用运算符将数据、函数等元素按一定顺序连接在一起,从而实现对工作表中的数据进行计算和处理。一般,公式由等号"="、常量、单元格引用、单元格区域名称、函数、括号及相应的运算符组成。

微课 4-4

公式的组成如表 4-1 所示。

表 4-1　公式的组成

组成部分	相关描述		举例
等号 "="	表示公式开始		—
常量	通过键盘直接输入工作表中的数字或文本		115、day
单元格引用	通过使用一些固定的格式，引用单元格中数据		B5、\$B\$10、\$A1:C\$9
单元格区域名称	直接引用为该单元格区域定义的名称		将 E1:F10 单元格区域名称命名为 "area"
函数	Excel 提供的各种内置函数		SUM、MAX
括号	为了区分运算顺序而使用的一种符号		()
运算符	连接公式中基本运算量并完成特定计算的符号	算术运算符	实现基本的数据运算，如加（+）、减（−）、乘（*）、除（/）、百分号（%）、乘方（^）	运算结果为数值型，如 C3/D3*100
		文本运算符	将两个文本型数据首尾连接在一起，形成一个新的文本型数据，如连接符（&）	运算结果为文本，如 "财务" & "数据" 的运算结果为 "财务数据"；123&4567 的运算结果为 1234567
		关系运算符	比较两个数据大小，如大于（>）、大于等于（≥）、小于（<）、小于等于（≤）、等于（=）、不等于（<>）	运算结果为一个逻辑值，TRUE（真）或 FALSE（假），如 "ABC>BAC" 的比较结果为 FALSE

🔍 小贴士

　　如果一个表达式用到了多种运算符，那么这个表达式中的运算将按一定的顺序进行，这种顺序称为运算符的优先级。运算符的优先级从高到低依次为：^（乘方）→−（负号）→%（百分比）→*、/（乘或除）→+、−（加或减）→&（文本连接）→>、≥、<、≤、=、<>（比较）。如果公式中包含了相同优先级的运算符，如公式中同时包含了乘法和除法，Excel 将从左到右进行计算。如果要修改运算顺序，可将先计算的部分放在括号内。

（2）输入公式

输入公式与输入数据类似，可以在单元格中输入，也可以在编辑栏中输入。以工作表"2023年1月HQ公司A产品销售情况表"（见图4-26）为例，介绍输入销售额计算公式的具体步骤。

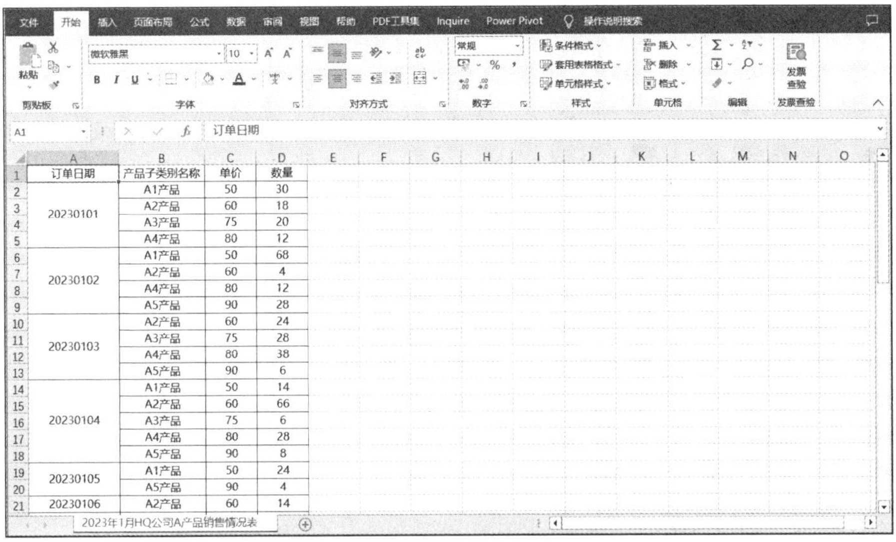

图 4-26　2023 年 1 月 HQ 公司 A 产品销售情况表

步骤①：在 E1 单元格输入列字段名"销售额"。

步骤②：选中 E2 单元格，在编辑栏输入销售额计算公式"=C2×D2"，如图 4-27 所示。按"Enter"键，系统自动计算结果。

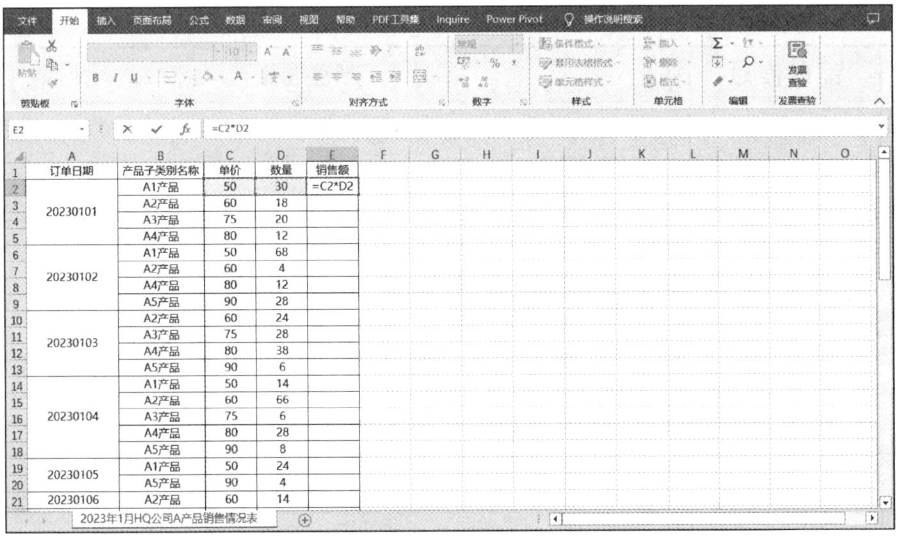

图 4-27　输入公式

步骤③：将鼠标指针移到 E2 单元格的填充柄处，当鼠标指针变成十字形状时，按住鼠标左键不放拖动至所需单元格并释放，此时可以看到填充公式的单元格中立即显示出计算结果，如图 4-28 所示。

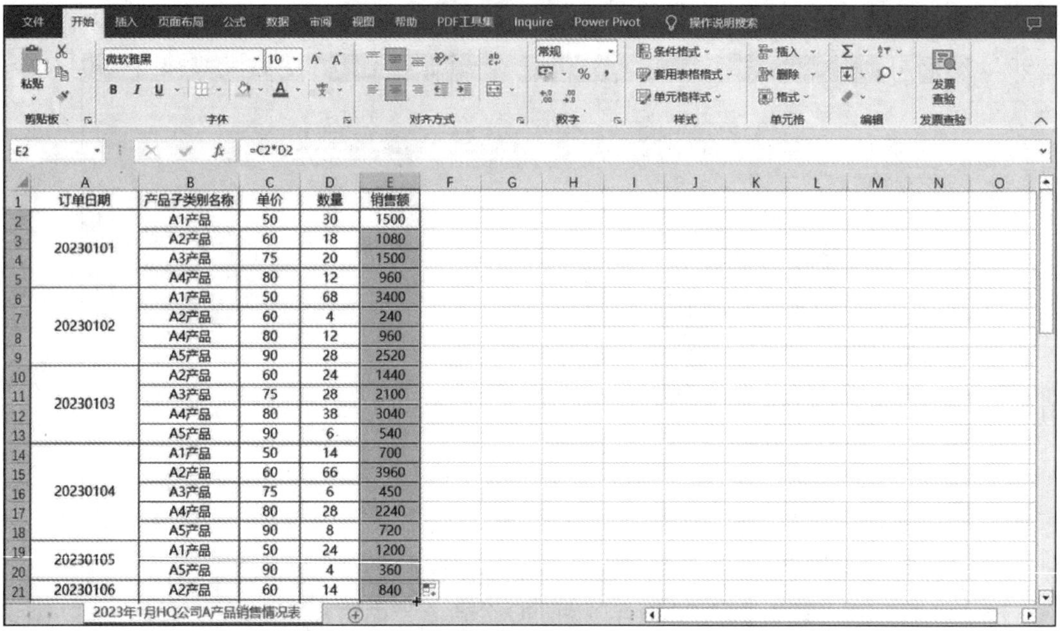

图 4-28　填充公式

在输入公式时，可能会出现输入错误的情况，此时单元格会显示相应的错误信息。常见的错误信息及其产生的原因如表 4-2 所示。

表 4-2　常见的错误信息及其产生的原因

序号	错误信息	产生原因
1	#####	内容太长或单元格宽度不够
2	#DIV/0!	当数字除以 0 时显示
3	#N/A	数值对函数或公式不可用
4	#NAME?	Excel 2016 无法识别公式中的文本
5	#NULL!	引用不相交的单元格区域，未加正确的区域运算符
6	#NUM!	公式或函数中使用了无效的数值
7	#REF!	引用的单元格无效
8	#VALUE!	使用的参数或操作数的类型不正确

（3）显示公式

在默认情况下，含有公式的单元格中显示的数据是公式的计算结果。但是，如果用户希望显示公式，则可以按以下步骤进行操作。

步骤①：单击"公式"选项卡下"公式审核"组中的"显示公式"按钮，这时工作表中所有的公式将立即显示出来，如图 4-29 所示。

| 文件 | 开始 | 插入 | 页面布局 | 公式 | 数据 | 审阅 | 视图 | 帮助 | PDF工具集 | Inquire | Power Pivot | 操作说明搜索 |

	A	B	C	D	E	F
1	订单日期	产品子类别名称	单价	数量	销售额	
2		A1产品	50	30	=C2*D2	
3		A2产品	60	18	=C3*D3	
4		A3产品	75	20	=C4*D4	
5	20230101	A4产品	80	12	=C5*D5	
6		A1产品	50	68	=C6*D6	
7		A2产品	60	4	=C7*D7	
8		A4产品	80	12	=C8*D8	
9	20230102	A5产品	90	28	=C9*D9	
10		A2产品	60	24	=C10*D10	
11		A3产品	75	28	=C11*D11	
12		A4产品	80	38	=C12*D12	
13	20230103	A5产品	90	6	=C13*D13	
14		A1产品	50	14	=C14*D14	
15		A2产品	60	66	=C15*D15	
16		A3产品	75	6	=C16*D16	
17		A4产品	80	28	=C17*D17	
18	20230104	A5产品	90	8	=C18*D18	
19		A1产品	50	24	=C19*D19	
20	20230105	A5产品	90	4	=C20*D20	
21	20230106	A2产品	60	14	=C21*D21	
22	20230107	A3产品	75	14	=C22*D22	
23	20230108	A2产品	60	18	=C23*D23	

图 4-29　显示公式

步骤②：再次单击"公式"选项卡下"公式审核"组中的"显示公式"按钮，则含有公式的单元格恢复只显示计算结果。

2. 使用函数计算数据

（1）函数

公式是对工作表中数据进行计算和操作的等式，函数则是一些预先编写的、按特定顺序或结构执行计算的特殊公式。Excel 函数是由 Excel 内部预先定义并按照特定顺序和结构执行计算、分析等数据处理任务的功能模块，也称为"特殊公式"。与公式一样，函数的最终返回结果也是值。

微课 4-5

每个函数都有相同的结构形式，其格式为：函数名(参数 1,参数 2,…)，如 IF(D2>0,30,50)。其中，函数名即函数的名称，每个函数名唯一标识一个函数；参数是函数的输入值，用来计算所需的数据。参数可以是数字、文本、表达式、单元格引用、区域名称、逻辑值，也可以是其他函数。有些函数不带参数，如 NOW()函数、TODAY()函数等。当函数的参数也是函数时，称为函数的嵌套，如 IF(D2>0,30,SUM(A1:C10))，其中，IF 和 SUM 都是函数名，IF 函数有 3 个参数，第 1 个参数 D2>0 是关系表达式，第 2 个参数 30 是一个数值常量，第 3 个参数 SUM(A1:C10)是作为参数形式出现的嵌套函数。该函数公式表示：当 D2 大于 0 时，函数值为 30，否则函数值为对 A1:C10 单元格区域求和的值。

Excel 提供了丰富的函数（见图 4-30），其可以完成大多数日常工作中的数据处理工作。因篇幅所限，本书只介绍数学和三角函数、统计函数、日期和时间函数、逻辑函数、文本函数、查找与引用函数以及财务函数中一些常用的函数。

图 4-30　Excel 提供的常用函数

① 数学和三角函数。

数学和三角函数用于进行数据和角度方面的各种计算，如对数字取整、计算单元格区域中的数值总和或进行复杂计算。常用的数字和三角函数如表 4-3 所示。

表 4-3　常用的数学和三角函数

函数	语法格式	函数功能
ROUND 函数	ROUND(number,num_digits)	按指定位数对数值进行四舍五入
SUM 函数	SUM(number1,number2,...)	计算单元格区域中所有数值的和

续表

函数	语法格式	函数功能
PRODUCT 函数	PRODUCT （number1,number2,...）	求所有以参数形式给出的数字的乘积
SUMIF 函数	SUMIF(range,criteria, sum_range)	对满足给定条件的单元格或单元格区域求和
INT 函数	INT(number)	将数值向下取整为最接近的整数
MOD 函数	MOD(number，divisor)	返回两数相除的余数

② 统计函数。

统计函数是工作中使用较多的函数，用于对特定范围内的数据进行分析统计。常用的统计函数如表 4-4 所示。

表 4-4 常用的统计函数

函数	语法格式	函数功能
AVERAGE 函数	AVERAGE(number1, number2,...)	计算单元格区域中所有数值的平均值
COUNT 函数	COUNT(value1,value2,...)	统计单元格区域中包含数字的单元格个数
COUNTIF 函数	COUNTIF(range,criteria)	计算单元格区域中满足给定条件的单元格的个数
MAX 函数	MAX(number1,number2,...)	返回给定参数的最大值
MIN 函数	MIN(number1,number2,...)	返回给定参数的最小值
RANK 函数	RANK(number,ref,order)	返回一个数字在数字列表中的排位

③ 日期和时间函数。

日期和时间函数用于处理公式中与日期和时间有关的值，常用的日期和时间函数如表 4-5 所示。

表 4-5 常用的日期和时间函数

函数	语法格式	函数功能
DATE 函数	DATE(year,month, day)	生成指定的日期

续表

函数	语法格式	函数功能
MONTH 函数	MONTH(serial_number)	返回指定日期对应的月份，返回值是 1～12 的整数
YEAR 函数	YEAR(serial_number)	返回指定日期对应的年份，返回值是 1900～9999 的整数
NOW 函数	NOW()	返回计算机的系统日期和时间，该函数没有参数
TODAY 函数	TODAY()	返回计算机的系统日期，该函数没有参数
NETWORKDAYS 函数	NETWORKDAYS (start_date,end_date, holidays)	返回起始日期和截止日期之间的工作日天数，工作日不包括周六、周日和专门指定的假期

④ 逻辑函数。

逻辑函数用于检测是否满足一个或多个条件，常用的逻辑函数如表 4-6 所示。

表 4-6　常用的逻辑函数

函数	语法格式	函数功能	应用示例
AND 函数	AND(logical1, logical2,...)	所有参数的逻辑值为真时，返回 TRUE；有一个参数的逻辑值为假时，返回 FALSE	AND(A1>10,A2>20)用于判断 A1 单元格中的数值是否大于 10 并且 A2 单元格中的数值是否大于 20，如果都满足，则返回 TRUE，否则返回 FALSE
OR 函数	OR(logical1, logical2,...)	提供的参数中只要有一个符合条件就返回 TRUE，提供的所有参数均不符合条件时才返回 FALSE	OR(A1=1,A2=2)用于判断 A1 单元格内容是否等于 1 或 A2 单元格内容是否等于 2。如果 A1 单元格内容等于 1 或 A2 单元格内容等于 2，则返回 TRUE；A1 单元格内容不等于 1 且 A2 单元格内容不等于 2，则返回 FALSE

续表

函数	语法格式	函数功能	应用示例
IF 函数	IF(logical_test, value_if_true, value_if_false)	执行真假值判断,根据计算的真假值,返回不同结果	IF(A1>10,"大于 10","小于等于 10")用于判断 A1 单元格中的数值是否大于 10,如果是,则返回"大于 10",否则返回"小于等于 10"
NOT 函数	NOT(logical)	用来对其参数的逻辑求反,当逻辑为 TRUE 时,返回结果 FALSE;当逻辑为 FALSE 时,返回结果 TRUE	NOT(A2>=50) 用于判断 A2 单元格内容是否大于等于 50。小于 50 时,显示 TRUE;大于等于 50 时,则显示 FALSE

⑤ 文本函数。

文本函数用于处理公式中的文本字符串,常用的文本函数如表 4-7 所示。

表 4-7　常用的文本函数

函数	语法格式	函数功能
FIND 函数	FIND(find_text,within_text, start_num)	查找指定字符在一个文本字符串中第一次出现的位置
LEN 函数	LEN(text)	返回文本字符串中字符的个数
REPLACE 函数	REPLACE(old_text,start_num, num_chars,new_text)	对指定字符串的部分内容进行替换
SUBSTITUTE 函数	SUBSTITUTE(text,old_text, new_text,instance_num)	将指定数据中指定字符串的值替换为新值
REPT 函数	REPT(text,number_times)	按给定的次数重复文本
MID 函数	MID(text,start_num,num_chars)	从文本字符串中指定的起始位置起返回指定长度的字符
LEFT 函数	LEFT(text,num_chars)	从一个文本字符串中第一个字符开始返回指定个数的字符
RIGHT 函数	RIGHT(text,num_chars)	从一个文本字符串的最后一个字符开始返回指定个数的字符

⑥ 查找与引用函数。

查找与引用函数用于查找存储在工作表中的特定值，常用的查找与引用函数如表 4-8 所示。

表 4-8　常用的查找与引用函数

函数	语法格式	函数功能
HLOOKUP 函数	HLOOKUP(lookup_value, table_array,row_index_num, range_lookup)	在指定单元格区域的首行查找满足条件的数值，并按指定的行号返回查找区域中的值
MATCH 函数	MATCH(lookup_value, lookup_array,match_type)	确定查找值在查找范围中的位置序号
VLOOKUP 函数	VLOOKUP(lookup_value, table_array,col_index_num, range_lookup)	在指定的单元格区域的首列查找满足条件的数值，并按指定的列号返回查找区域中的值
INDIRECT 函数	INDIRECT(ref_text,a1)	返回文本字符串指定的引用，相当于间接地址引用
ROW 函数	ROW(reference)	返回一个引用的行号

⑦ 财务函数。

财务函数用于进行财务方面的相关计算，如确定贷款的支付额、投资的未来值或净现值，以及债券或息票的价值。常用的财务函数如表 4-9 所示。

表 4-9　常用的财务函数

函数	语法格式	函数功能
FV 函数	FV(rate,nper,pmt,pv,type)	基于固定利率及等额分期付款方式，返回某项投资的未来值
NPER 函数	NPER(rate,pmt,pv,fv,type)	基于固定利率及等额分期付款方式，返回某项投资的总期数
NPV 函数	NPV(rate,value1,value2,...)	通过使用贴现率以及一系列未来支出（负值）和收入（正值），返回一项投资的净现值
PMT 函数	PMT(rate,nper,pv,fv,type)	基于固定利率及等额分期付款方式，返回贷款的分期付款额

（2）输入函数

函数作为公式来使用，输入时应以等号"="开始。输入函数有 3 种方法：使用"插入函数"对话框输入、使用"自动求和"按钮输入和手动直接输入。若在公式中使用了函数，而且函数中的某个参数又是一个函数，则可以使用函数的输入方法进行函数的嵌套输入。

① 使用"插入函数"对话框输入。

以工作表"A1 产品月销售额"为例，汇总 A1 产品的月销售额。

步骤①：选中存放函数公式的单元格，如 E12 单元格。

步骤②：单击"公式"选项卡下的"插入函数"按钮，弹出"插入函数"对话框。

步骤③：在"搜索函数"文本框输入"SUM"，单击"转到"按钮，系统自动筛选出 SUM 函数，单击"确定"按钮，如图 4-31 所示。

图 4-31　选择 SUM 函数

步骤④：弹出"函数参数"对话框，系统默认的汇总范围是 E2:E11 单元格区域，单击"确定"按钮，如图 4-32 所示。

步骤⑤：返回 Excel 主界面，显示 A1 产品的总销售额为 10 600 元，如图 4-33 所示。

② 使用"自动求和"按钮输入。

为了方便用户使用，Excel 在"开始"选项卡的"编辑"组中设置了一个"自动求和"按钮，单击该按钮可以自动添加求和函数；单击该按钮右侧的下拉按钮，会打开一个下拉列表，其中列示了求和、平均值、计数、最大值、最小值和其他函数，如图 4-34 所示。

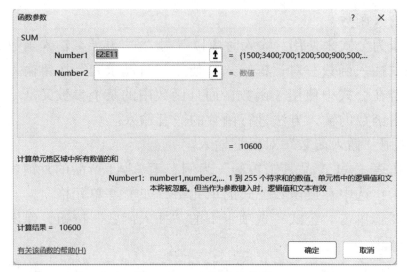

图 4-32　确定汇总范围

	A	B	C	D	E
1	订单日期	产品子类别名称	单价	数量	销售额
2	20230101	A1产品	50	30	1500
3	20230102	A1产品	50	68	3400
4	20230104	A1产品	50	14	700
5	20230105	A1产品	50	24	1200
6	20230114	A1产品	50	10	500
7	20230117	A1产品	50	18	900
8	20230119	A1产品	50	10	500
9	20230125	A1产品	50	6	300
10	20230129	A1产品	50	16	800
11	20230131	A1产品	50	16	800
12	总销售额				10600

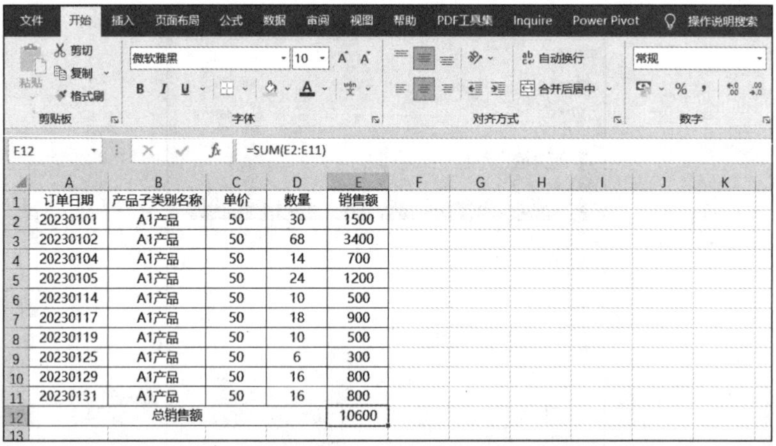

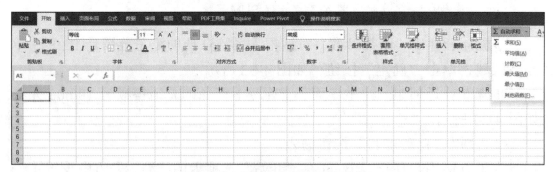

图 4-33　计算结果

图 4-34　“自动求和”下拉列表

选择前 5 个命令中的任意一个，Excel 会非常智能地识别出待统计的单元格区域，并将单元格区域地址自动加到函数的参数中，方便用户输入。

图 4-35 所示为选择“求和”命令后的结果。选择“其他函数”命令，Excel 将打开“插入函数”对话框，用户可以在其中选择函数，并设置相关参数。

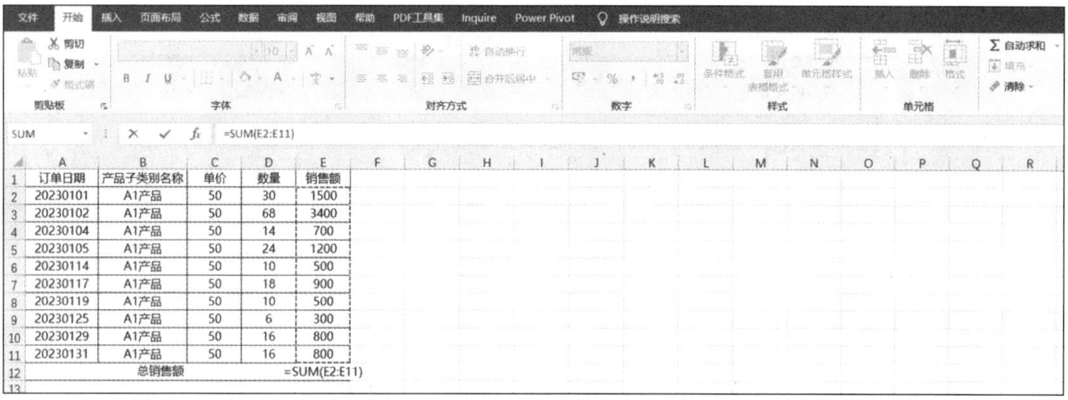

订单日期	产品子类别名称	单价	数量	销售额
20230101	A1产品	50	30	1500
20230102	A1产品	50	68	3400
20230104	A1产品	50	14	700
20230105	A1产品	50	24	1200
20230114	A1产品	50	10	500
20230117	A1产品	50	18	900
20230119	A1产品	50	10	500
20230125	A1产品	50	6	300
20230129	A1产品	50	16	800
20230131	A1产品	50	16	800
总销售额				=SUM(E2:E11)

图 4-35 自动求和结果

③ 手动直接输入。

如果熟练地掌握了函数的语法格式，可以在单元格中手动直接输入函数。当依次输入等号、函数名和左括号后，系统会自动出现当前函数语法格式的提示信息，如图 4-36 所示。

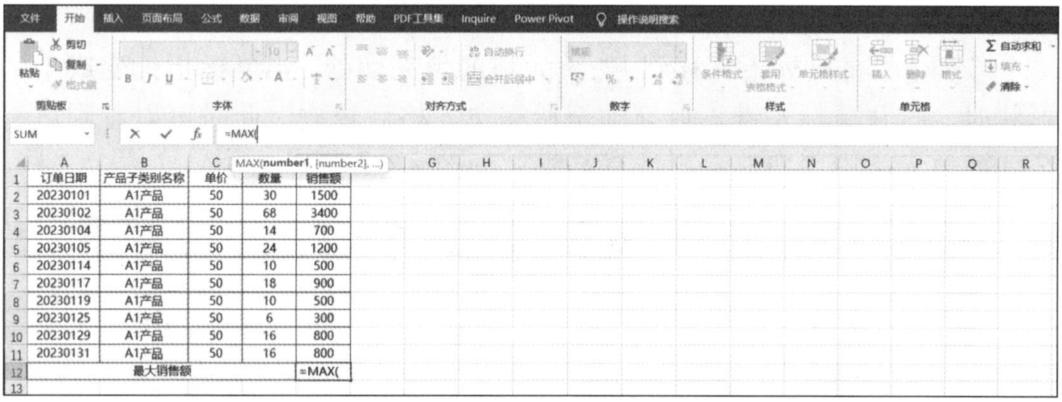

订单日期	产品子类别名称	单价	数量	销售额
20230101	A1产品	50	30	1500
20230102	A1产品	50	68	3400
20230104	A1产品	50	14	700
20230105	A1产品	50	24	1200
20230114	A1产品	50	10	500
20230117	A1产品	50	18	900
20230119	A1产品	50	10	500
20230125	A1产品	50	6	300
20230129	A1产品	50	16	800
20230131	A1产品	50	16	800
最大销售额				=MAX(

图 4-36 手动输入函数

④ 使用嵌套函数输入。

当处理的问题比较复杂时，计算数据的公式往往需要使用嵌套函数。以工作表“A1 产品月销售额”为例，如果日销售额在 1 500 元及以上，绩效判断为“优秀”，日销售额在 750 元及以上且 1 500 元以下，绩效判断为“合格”，否则为不合格。

步骤①：新建一列，字段名为“绩效”，选中存放函数公式的 F2 单元格。

步骤②：在 F2 单元格中，输入嵌套函数“=IF(E2>=1500,"优秀",IF(E2>=750,"合格",IF(E2<750,"不合格")))”，计算结果如图 4-37 所示。

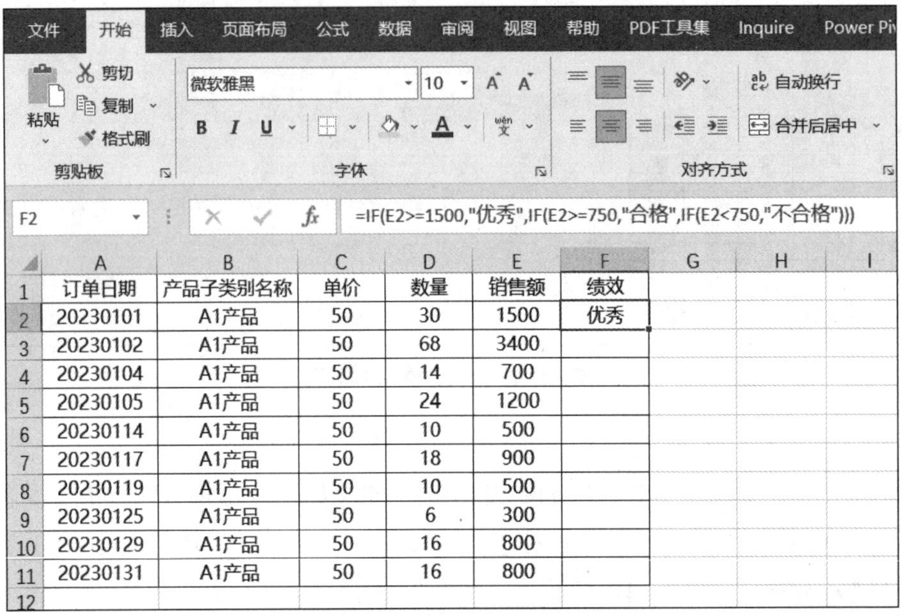

	A	B	C	D	E	F
1	订单日期	产品子类别名称	单价	数量	销售额	绩效
2	20230101	A1产品	50	30	1500	优秀
3	20230102	A1产品	50	68	3400	
4	20230104	A1产品	50	14	700	
5	20230105	A1产品	50	24	1200	
6	20230114	A1产品	50	10	500	
7	20230117	A1产品	50	18	900	
8	20230119	A1产品	50	10	500	
9	20230125	A1产品	50	6	300	
10	20230129	A1产品	50	16	800	
11	20230131	A1产品	50	16	800	

图 4-37　嵌套函数计算结果

步骤③：将鼠标指针移到 F2 单元格的填充柄处，当鼠标指针变成十字形状时，按住鼠标左键不放拖动至所需单元格后释放，此时可以看到填充公式的单元格中立即显示出计算结果，如图 4-38 所示。

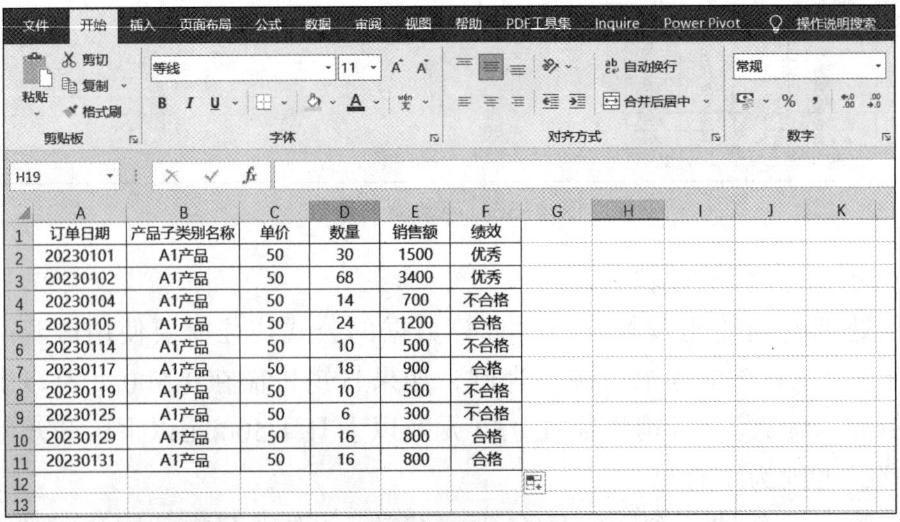

	A	B	C	D	E	F
1	订单日期	产品子类别名称	单价	数量	销售额	绩效
2	20230101	A1产品	50	30	1500	优秀
3	20230102	A1产品	50	68	3400	优秀
4	20230104	A1产品	50	14	700	不合格
5	20230105	A1产品	50	24	1200	合格
6	20230114	A1产品	50	10	500	不合格
7	20230117	A1产品	50	18	900	合格
8	20230119	A1产品	50	10	500	不合格
9	20230125	A1产品	50	6	300	不合格
10	20230129	A1产品	50	16	800	合格
11	20230131	A1产品	50	16	800	合格

图 4-38　系统显示结果

任务实训

使用工作表"2023 年 1 月 HQ 公司产品销售完成情况表",完成以下操作。

（1）计算超目标销售额（实际销售额–计划销售额）。

（2）计算超额率（超目标销售额/计划销售额）。

（3）计算月实际销售额之和、月实际销售额平均数。

（4）判断每种产品的销售达标情况。

任务3　透视数据

 情景导入

Excel 中分析数据的主要工具是图表,图表并不是单一元素,而是由图和表组成的。用户可使用数据透视表汇总、分析、浏览和呈现汇总数据。数据透视图可以为数据透视表中的汇总数据添加可视化效果,以便用户轻松比较、查看趋势。借助数据透视表和数据透视图,用户可做出明智决策。

 知识学习

1. 数据透视表

数据透视表,实质上是一种数据交互式报表,它可以进行求和、计数、求平均值等计算,所进行的计算与数据在数据透视表中的排列有关。通过数据透视表,用户可以对大量数据进行汇总,并能快速浏览、分析、合并及提取数据,从中得到和发现一些重要的信息。

微课 4-6

（1）创建数据透视表

使用工作簿"HQ 公司表格"中的"门店表",分析不同区域店铺的销售额情况。创建数据透视表的具体操作步骤如下。

步骤①:选中数据区域的任一单元格,在"插入"选项卡下的"表格"组中单击"推荐的数据透视表"按钮,如图 4-39 所示。

图 4-39　单击"推荐的数据透视表"按钮

步骤②：弹出"推荐的数据透视表"对话框（见图 4-40），选择"求和项：销售额和求和项：店铺 ID，按所属区域（＋）"命令，单击"确定"按钮。

图 4-40　"推荐的数据透视表"对话框

步骤③：系统新创建工作表"Sheet1"，将其命名为"不同区域店铺销售额情况表"，双击单元格"行标签"，可以将其重命名为"所属区域"，单击"东北地区"前面的 ⊞，可以展开折叠区域，如图 4-41 所示。可以看出，东北地区的销售额最高。

图 4-41　数据透视表

如果系统推荐的数据透视表不能满足需求，那么可以单击"插入"选项卡下"表格"组的"数据透视表"按钮，手动创建数据透视表。

学思园地

党的二十大报告指出："我们要善于通过历史看现实、透过现象看本质，把握好全局和局部、当前和长远、宏观和微观、主要矛盾和次要矛盾、特殊和一般的关系，不断提高战略思维、历史思维、辩证思维、系统思维、创新思维、法治思维、底线思维能力，为前瞻性思考、全局性谋划、整体性推进党和国家各项事业提供科学思想方法。"

（2）编辑数据透视表

① 修改数据透视表。

店铺 ID 是店铺的编号，对其求和没有意义，但是可以在不同区域分店铺显示销售额，可在"数据透视表字段"窗格勾选"店铺 ID"复选框并拖动到"列"区域，将列标签重命名为"店铺 ID"。修改的整个数据透视表如图 4-42 所示，可知郑州市的店铺 111 的销售额最高。

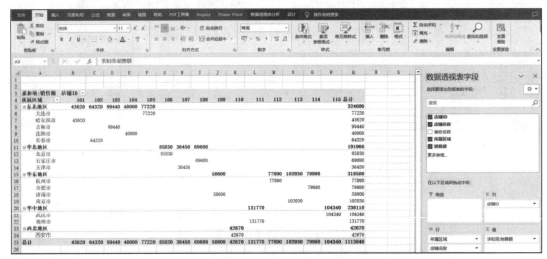

图 4-42　修改的数据透视表

② 重命名数据透视表。

选中数据区域的任一单元格，可在"数据透视表分析"选项卡下的"数据透视表"组的"数据透视表名称"文本框中将数据透视表重命名为"不同区域店铺销售额情况表"，如图 4-43 所示。

图 4-43　重命名数据透视表

（3）美化数据透视表

① 改变数据透视表的布局。

改变数据透视表的布局包括设置分类汇总、总计，以及设置报表布局和空行等。设置报表布局的操作步骤如下。

步骤①：选中数据区域的任一单元格，在"设计"选项卡下的"布局"组中单击"报表布局"下拉按钮，打开下拉列表，如图 4-44 所示。

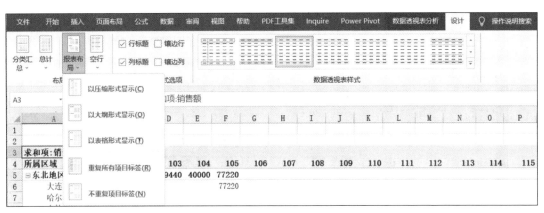

图 4-44 "报表布局"下拉列表

步骤②：选择"以表格形式显示"命令，该数据透视表即以表格形式显示，如图 4-45 所示。

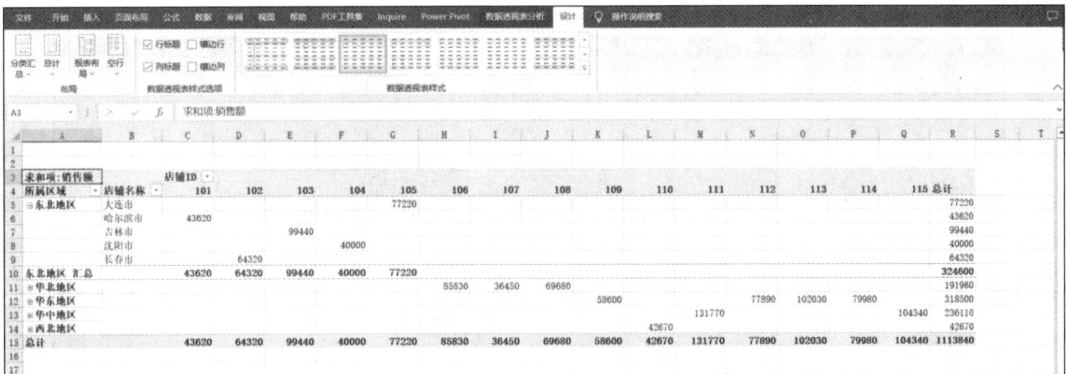

图 4-45 数据透视表以表格形式显示

② 设置数据透视表样式。

在工作表中插入数据透视表后，还可以对数据透视表的样式进行设置，使数据透视表更加美观，具体操作步骤如下。

步骤①：选中数据区域的任一单元格，在"设计"选项卡下的"数据透视表样式"组中单击右侧的 ▽ 按钮，打开下拉列表，如图 4-46 所示。

步骤②：在打开的下拉列表中选择任意一种样式，即可更改数据透视表的样式，效果如图 4-47 所示。

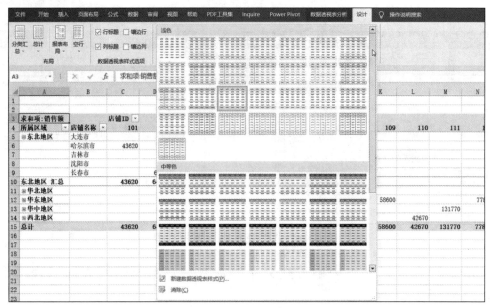

图 4-46　数据透视表样式

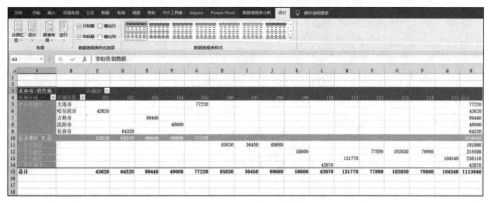

图 4-47　设置样式

2. 数据透视图

图表是展示数据最直观、有效的手段。Excel 为数据透视表提供了配套的数据透视图，任何时候都可以方便地将数据透视表的数据以数据透视图的形式展示，数据透视图具有灵活的数据查询功能，是 Excel 中直接的交互式图表。

微课 4-7

（1）创建数据透视图

为数据透视表"不同区域店铺销售额情况表"创建数据透视图的具体操作步骤如下。

步骤①：选中数据区域的任一单元格，在"数据透视表分析"选项卡的"工具"组中单击"数据透视图"按钮；或者在"插入"选项卡的"图表"组中单击"数据透视图"按钮，弹出"插入图表"对话框，如图 4-48所示。

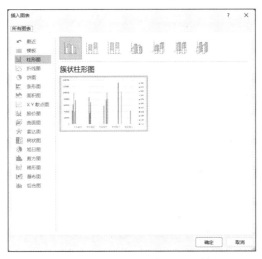

图 4-48　"插入图表"对话框

步骤②：选择柱形图中的"三维堆积柱形图"，单击"确定"按钮，系统自动生成图形，如图 4-49所示。

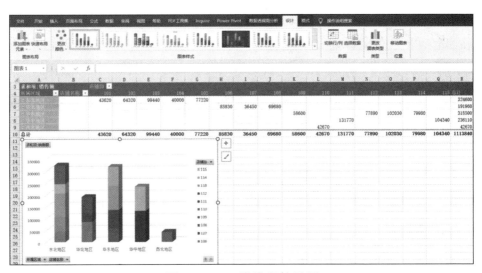

图 4-49　三维堆积柱形图

步骤③："所属区域""店铺名称""店铺 ID"旁都有下拉按钮，单击下拉按钮，可以进行排序、筛选等操作；单击数据透视图右下角的"+"号，可进一步展开数据透视图，如图 4-50所示。此时，数据透视表也进行了更新。

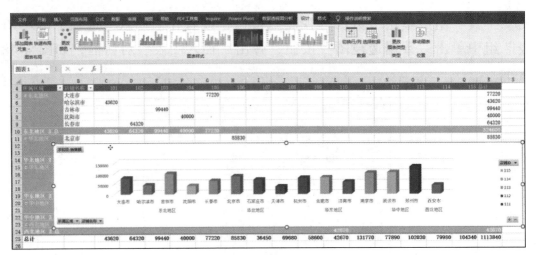

图 4-50 展开数据透视图

（2）调整数据透视图

数据透视图的横坐标轴对应数据透视表的行字段，称为"轴字段"；右侧图例对应数据透视表的列字段，称为"图例字段"；数据系列对应数据透视表的值字段。用户可以根据分析的需要对数据透视图进行设置和调整，对数据透视图进行有关操作，数据透视表也会自动同步变动。

① 切换行/列。

选中数据透视图，在"设计"选项卡的"数据"组中单击"切换行/列"按钮，可交换坐标轴上的数据，对应的数据透视表也会进行更新，如图 4-51 所示。

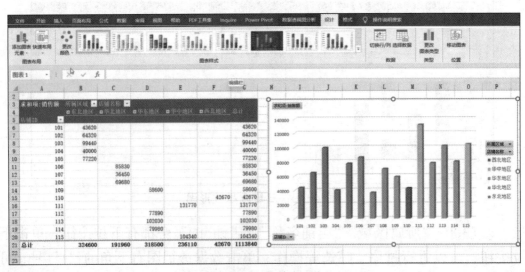

图 4-51 切换行/列

② 更改图表颜色和样式。

步骤①：选中数据透视图，在"设计"选项卡下"图表样式"组中单击"更改颜色"下拉按钮，打开下列列表，选择其中的选项可以更改数据透视图的配色。

步骤②：在"图表样式"下拉列表中，可进一步选择样式，如选择"样式 6"，效果如图 4-52 所示。

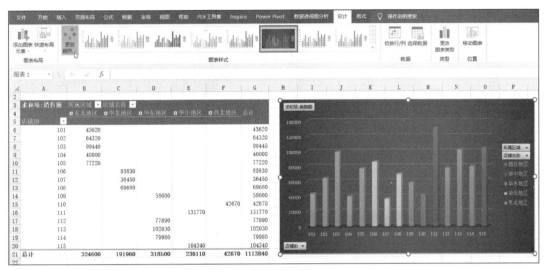

图 4-52　更改图表颜色和样式

 任务实训

使用工作簿"HQ 公司表格"中的"销售人员表"，设计数据透视表和数据透视图。

任务 4　转换数据

 情景导入

数据转换是数据处理的前期准备工作，包括一维、二维数据表之间的转换和数据表的行列互换等，使得数据在类型、内容、格式上都更加规范化，符合分析需要。

知识学习

1. 一维数据表和二维数据表及二者的转换

数据结构是存储、组织数据的方式，是数据内部的构成方法。在 Excel 中，数据结构可以通过数据表加以展示，表格的设计问题就是数据结构问题。从字段有无交叉的角度，数据可以分为一维数据与二维数据。

微课 4-8

（1）一维数据表

一维数据表是指由一个单一的行和多个列组成的数据表，一维数据表的行通常称为"记录"或"行数据"，每一条记录都包含了与之相关的多个字段，每个字段则对应于一列数据，一维数据表中的数据可以被快速查找、排序和过滤。表 4-10 中有三个字段，分别是"客户名称""产品类别""订单金额/元"，表格中的每一行数据称为一条记录，表 4-10 就是一个典型的一维数据表。

表 4-10 客户订单金额表（一维数据表）

客户名称	产品类别	订单金额/元
TW 公司	A 产品	147 500
TW 公司	B 产品	214 175
TW 公司	C 产品	454 240
YZ 公司	A 产品	45 721
YZ 公司	B 产品	324 578
YZ 公司	C 产品	151 270
MV 公司	A 产品	164 631
MV 公司	B 产品	454 610
MV 公司	C 产品	303 320

（2）二维数据表

二维数据表也称为关系型表格，它由若干行和若干列组成，每一列表示一个特定的属性或数据类型，每一行则表示一条记录或数据项。每个单元格则表示一组对应行和列的数据值。通常情况下，二维数据表是在 SQL（结构化查询语言）中进行操作和查询的主要数据结构。表 4-11 的第一行表示订单金额，第一列表示客户名称，表格中的每一个数据由行标签和列标签共同赋予属性，如数据"147 500"代表客户 TW 公司购买 A 产品的订单金额。

表 4-11 客户订单金额表（二维数据表）

客户名称	订单金额/元		
	A 产品	B 产品	C 产品
TW 公司	147 500	214 175	454 240
YZ 公司	45 721	324 578	151 270
MV 公司	164 631	454 610	303 320

（3）利用数据透视表进行一维、二维数据表转换

一维数据表的组织形式更便于进行数据分析、数据表之间的关联分析和建模分析等，不仅可以简化数据清洗操作，而且可以节省存储空间，是数据分析的基础。在实务中，除了个别方法（如两因素方差分析）需要以二维数据为基础进行分析外，大多数分析都以一维数据为基础。因此，获取的其他类型结构的原始数据（非结构化数据、二维数据）要选用一定的数据处理工具和方法进行降噪、清洗，转换为一维数据，以方便分析操作。

在 Excel 中，能实现一维、二维数据表相互转换的工具是数据透视表。以将表 4-11 所示的二维数据表转换为一维数据表为例讲解具体操作步骤。

步骤①：选中二维数据表，在"数据"选项卡下单击"获取和转换"组中的"从表格"按钮，如图 4-53 所示。

图 4-53 单击"从表格"按钮

步骤②：弹出"创建表"对话框，注意勾选"表包含标题"复选框，单击"确定"按钮，如图4-54所示。

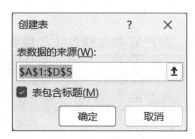

图4-54　"创建表"对话框

步骤③：系统自动启动Power Query编辑器，在"主页"选项卡下单击"转换"组中的"将第一行用作标题"按钮，如图4-55所示。

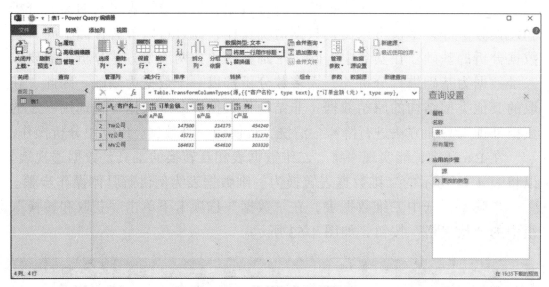

图4-55　将第一行用作标题

步骤④：选中第一列，单击"转换"选项卡下"任意列"组中"逆透视列"下拉按钮，在打开的下拉列表中选择"逆透视其他列"命令，如图4-56所示。

步骤⑤：双击列字段名，分别重命名为"客户名称""产品类别""订单金额/元"，如图4-57所示。

步骤⑥：单击"文件"选项卡，在打开的下拉列表中选择"关闭并上载"选项，如图4-58所示。

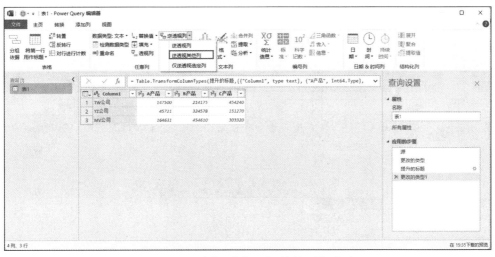

图 4-56　选择"逆透视其他列"命令

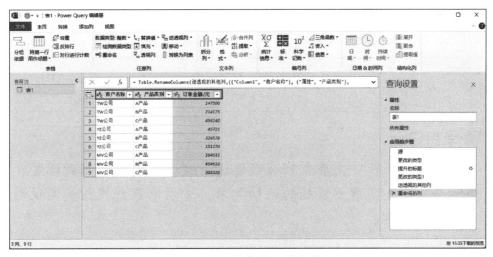

图 4-57　重命名列字段名

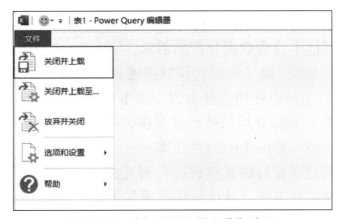

图 4-58　选择"关闭并上载"选项

步骤⑦：系统关闭 Power Query 编辑器，返回 Excel 主界面。此时，二维数据表已经转换为一维数据表，如图 4-59 所示。

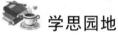

	客户名称	产品类别	订单金额/元
2	TW公司	A产品	147500
3	TW公司	B产品	214175
4	TW公司	C产品	454240
5	YZ公司	A产品	45721
6	YZ公司	B产品	324578
7	YZ公司	C产品	151270
8	MV公司	A产品	164631
9	MV公司	B产品	454610
10	MV公司	C产品	303320

图 4-59　转换结果

学思园地

以科技创新开辟发展新领域新赛道、塑造发展新动能新优势，是大势所趋，也是高质量发展的迫切要求，必须依靠科技创新实现动力变革和动能转换。

2. 数据表行列互换

通过采集获取的原始数据由于来源渠道使用工具不同，其显示方式很可能不符合数据分析的需求，有时需要对数据表中的行列进行互换，除了可以使用数据透视表中的"切换行/列"功能外，还可以使用其他方式。以工作表"2022 年财务指标对比表"为例，介绍另外两种数据表行列互换方式。

微课 4-9

（1）使用选择性粘贴中的转置功能

根据需求对已设置好的表格进行行列互换，这时使用选择性粘贴中的转置功能可快速实现需求，具体操作步骤如下。

步骤①：选中拟转置的数据区域，在"开始"选项卡下"剪贴板"组中单击"复制"按钮。

步骤②：选中任一空白单元格，在"开始"选项卡下"剪贴板"组中单击"粘贴"按钮下方的下拉按钮，在打开的下拉列表中选择"转置"命令，如图 4-60 所示。

图 4-60　选择"转置"命令

步骤③：转置的结果如图 4-61 所示。

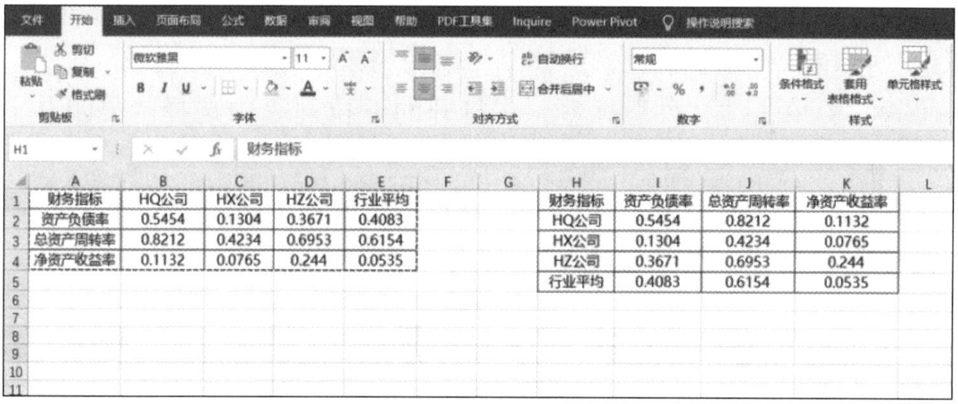

图 4-61　转置结果

（2）使用 Power Query 编辑器中的转置功能

在 Excel 中，使用 Power Query 编辑器的转置功能，也可以快速进行数据表行列互换，具体操作步骤如下。

步骤①：选中拟转置的数据区域，在"数据"选项卡下"获取和转换"组中单击"从表格"按钮。

步骤②：在弹出的"创建表"对话框中取消勾选"表包含标题"复选框，单击"确定"按钮。取消勾选该复选框的目的是让标题跟着进行转置。

步骤③：系统自动启动 Power Query 编辑器，在"转换"选项卡下单击"表格"组中的"转置"按钮，如图 4-62 所示。

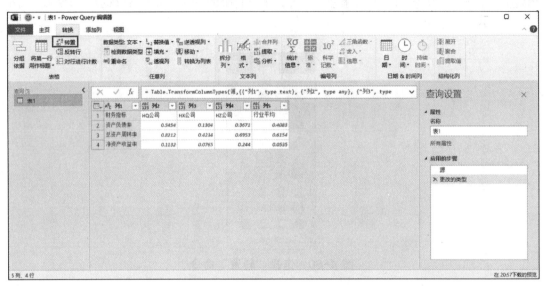

图 4-62　单击"转置"按钮

步骤④：切换到"主页"选项卡，在"转换"组中单击"将第一行用作标题"按钮。

步骤⑤：单击"文件"标签，在打开的下拉列表中选择"关闭并上载"命令。

步骤⑥：系统关闭 Power Query 编辑器，返回 Excel 主界面。此时，工作表已经完成转置，结果如图 4-63 所示。

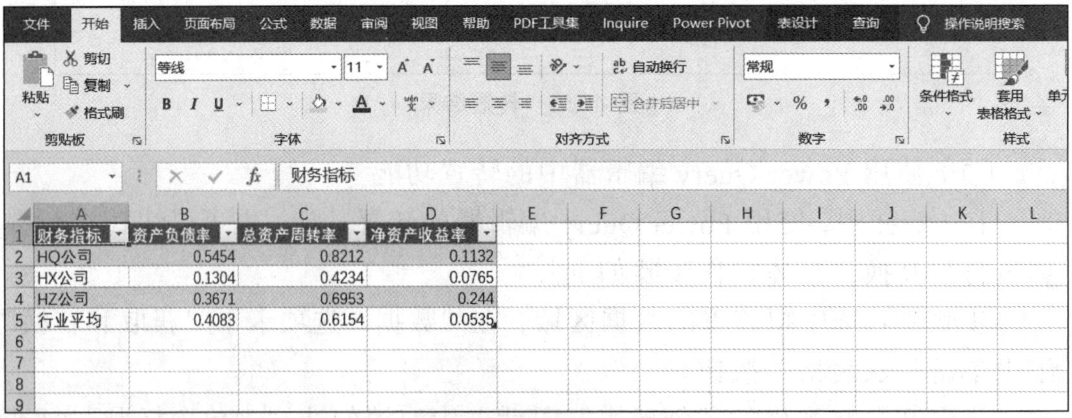

图 4-63　转置结果

任务实训

使用 Power Query 编辑器，完成以下操作。

（1）将工作表"2022 年财务指标对比表"转换为一维数据表。

（2）将表 4-11"客户订单金额表"进行行列互换。

任务5　清洗数据

情景导入

采集得到的数据常常存在很多问题，如多列信息混杂，存在无用数据、空格、重复记录，数据格式不正确，数据前后逻辑矛盾等。很显然，这样的数据是无法直接进行数据分析的。因此，在进行数据分析前，还有一个特别重要的数据清洗工作不能忽视。

知识学习

数据清洗，是指将数据表中多余、重复的数据筛选出来并删除，将缺失、不完整的数据补充完整，将内容、格式错误的数据进行纠正的操作行为。数据清洗是对数据进行重新审查和校验的过程，旨在提升数据的质量，确保数据的准确性、完整性和一致性。

1. 数据缺失值清洗

缺失值即数据值为空的值，又称"空值"。由于人为和系统的原因，原始数据表中不可避免地会出现空值，数据清洗的第一步就是找出空值并选择合适的方法进行处理。以工作表"2023 年 1 月 HQ 公司产品订单表"为例，介绍数据缺失值的筛选和定位。

微课 4-10

（1）筛选空值

在数据量较少的情况下，筛选空值是很有效的数据清洗方法。

步骤①：选中原始数据表的标题行，在"数据"选项卡下单击"排序和筛选"组中的"筛选"按钮，标题行每一列字段右侧都出现了下拉按钮，如图 4-64 所示。

图 4-64　单击"筛选"按钮

步骤②：对每一列进行筛选，发现有空值的，单击字段右侧的下拉按钮，在打开的下拉列表中勾选"（空白）"复选框，就可以将空值筛选出来。以"门店 ID"列为例，单击下拉按钮，在打开的下拉列表中取消勾选"（全选）"复选框，勾选"（空白）"复选框，如图 4-65 所示。

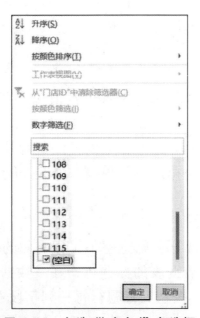

图 4-65　勾选"（空白）"复选框

步骤③：单击"确定"按钮，系统自动筛选出空值，如图 4-66 所示。同理，可以找到每一列的空值。

图 4-66　筛选出的空值

（2）定位空值

定位是 Excel 中很重要的功能，可以帮助我们选择指定条件的单元格，具体操作步骤如下。

步骤①：选中整张工作表，在"开始"选项卡下的"编辑"组中单击"查找和选择"下拉按钮，在打开的下拉列表中选择"定位条件"命令，如图 4-67 所示。

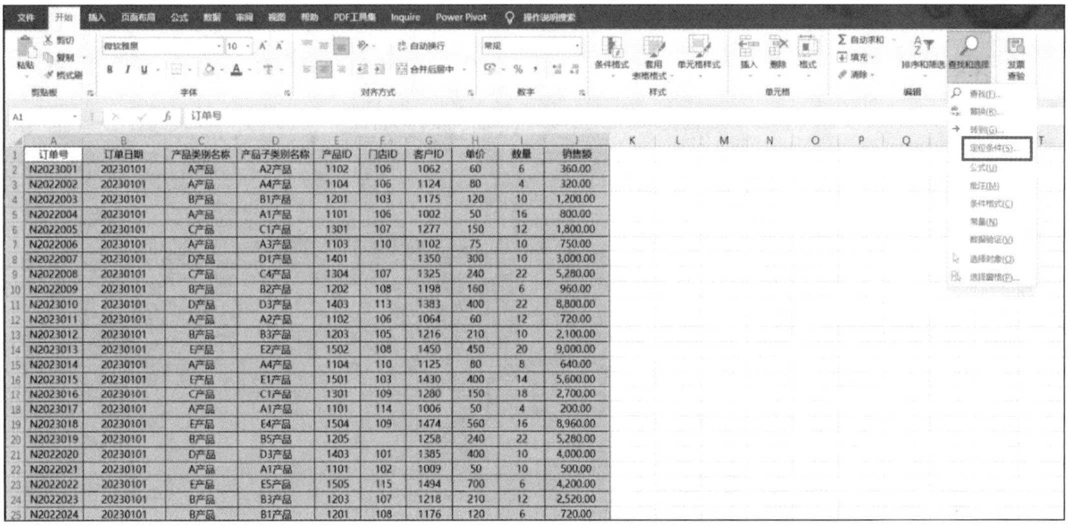

图 4-67　选择"定位条件"命令

步骤②：在弹出的"定位条件"对话框中，选中"空值"单选项，如图 4-68 所示。用户可在该对话框中对包括批注、常量、公式、空值、当前区域、当前数组、对象、行内容差异单元格、列内容差异单元格、引用单元格、从属单元格、最后一个单元格、可见单元格、条件格式及数据验证在内的 15 种不同类型的单元格进行定位设置。

图 4-68　选中"空值"单选项

步骤③：单击"确定"按钮，此时整张工作表中所有的空值都被选中了。其中，当前选中的空值单元格为白色，未选中的空值单元格为灰色，如图 4-69 所示。

图 4-69　定位空值单元格

（3）处理空值

对于空值的处理，需结合实际的数据和业务需求，一般来说有以下 3 种处理方式：删除、保留、使用替代值。

① 删除。删除就是将含有空值的整条记录都删除。删除的优点是删除以后整个数据集都是有完整记录的数据，且操作简单、直接；缺点是缺少的这部分样本可能会导致整体结果出现偏差。

② 保留。保留的优点是保证了样本的完整性；缺点是需要知道为什么要保留、保留的意义是什么、是什么原因导致了空值（是系统的原因还是人为的原因）。这种保留建立在只缺失单个数据且空值有明确意义的基础上。

③ 使用替代值。使用替代值是指用均值、众数、中位数等数据代替空值。使用替代值的优点是有理有据；缺点是可能使空值失去其本身的含义。对于替代值，除了使用统计学中常用的描述数据的值，还可以人为地赋予空值一个具体的值。

2. 数据拆分与提取

采集到的数据可能很混乱，汉字、英文字母、数字有可能混杂在一个单元格里，在数据分析前需要将各种类型的数据加以分离。以工作表"HQ 公司哈尔滨市店铺客户信息表"为例，介绍数据的拆分与提取。

微课 4-11

（1）拆分数据

Excel 中的分列功能能够将一列数据按照指定规则拆分成多列，其拆分方式有分隔符号和固定宽度两种。以将工作表"HQ 公司哈尔滨市店铺客户信息表"的列字段"客户联系人"拆分为联系人姓名和联系人电话为例讲解具体操作步骤。

步骤①：选中列字段"客户联系人"，在"数据"选项卡下的"数据工具"组中单击"分列"按钮，如图 4-70 所示。

步骤②：弹出"文本分列向导"对话框，一共需要进行 3 步操作。在第 1 步操作中，选中"固定宽度"单选项，单击"下一步"按钮。

步骤③：在第 2 步操作中，在客户联系人姓名与手机号码之间单击以建立分列线，单击"下一步"按钮，如图 4-71 所示。

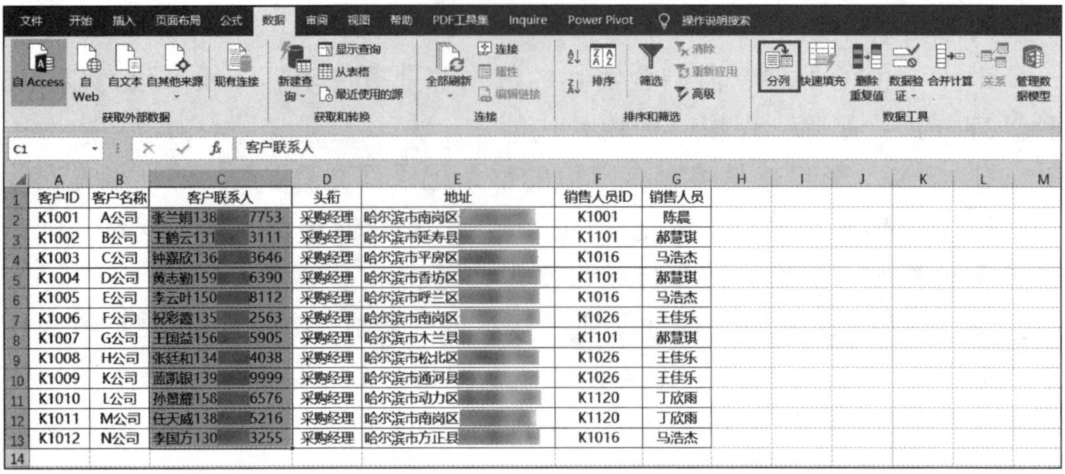

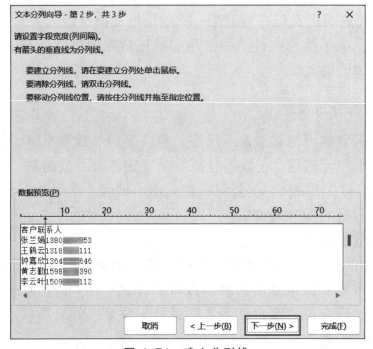

图 4-70　单击"分列"按钮

图 4-71　建立分列线

步骤④：在第 3 步操作中，选中"常规"单选项，预览数据（见图 4-72），单击"完成"按钮。

步骤⑤：系统提示"此处已有数据。是否替换它"，单击"确定"按钮，"客户联系人"列被拆分为 2 列。

步骤⑥：为拆分后的新列分别命名为"联系人姓名""联系人电话"，拆分后的工作表如图 4-73 所示。

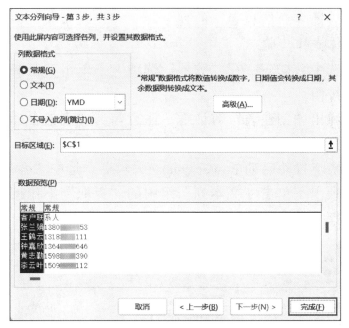

图 4-72 预览数据

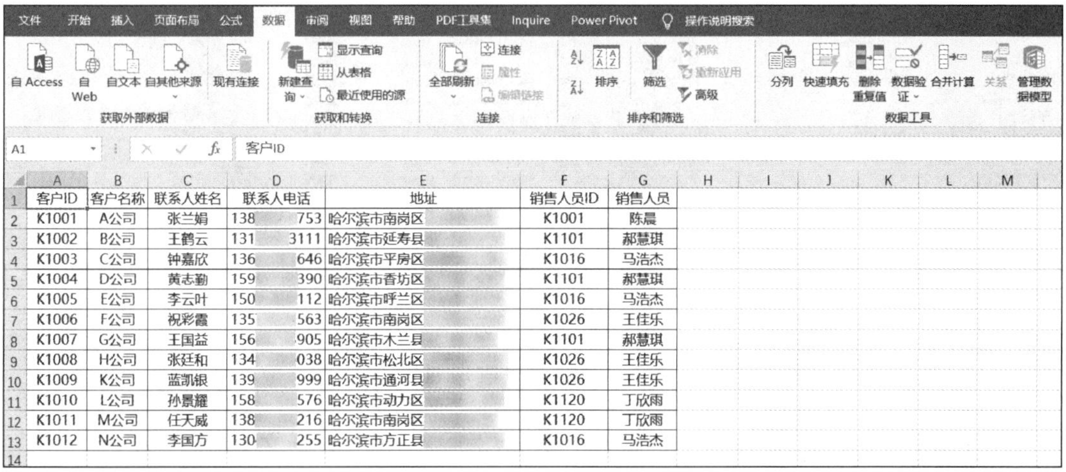

图 4-73 拆分后的工作表

（2）提取数据

① 利用函数提取数据。

Excel 中设置的 MID、LEFT、RIGHT、LEN 等函数能够从文本中提取指定数量的字符串，使用简便，但当要拆分的字符串字符数量参差不齐时，不便于批量操作。

② 利用 Power Query 编辑器提取数据。

使用 Power Query 编辑器，也可以实现数据提取目的。以从工作表"HQ

公司哈尔滨市店铺客户信息表"的列字段"客户联系人"中提取联系人电话为例讲解具体操作步骤。

步骤①：选中数据表，在"数据"选项卡下单击"获取和转换"组中的"从表格"按钮。

步骤②：弹出"创建表"对话框，注意勾选"表包含标题"复选框，单击"确定"按钮。

步骤③：系统自动启动 Power Query 编辑器，选中"客户联系人"列，在"转换"选项卡下单击"文本列"组中的"提取"下拉按钮，在打开的下拉列表中选择"结尾字符"命令，如图 4-74 所示。

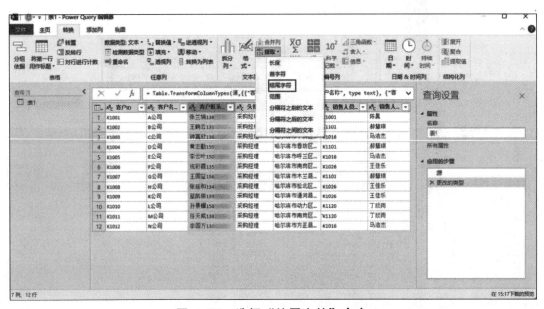

图 4-74　选择"结尾字符"命令

步骤④：弹出"提取结尾字符"对话框，在"计数"文本框中输入"11"，即保留 11 位的电话号码，单击"确定"按钮，如图 4-75 所示。

图 4-75　"提取结尾字符"对话框

步骤⑤：双击列字段名"客户联系人"，将其重命名为"客户电话"，如图 4-76 所示。

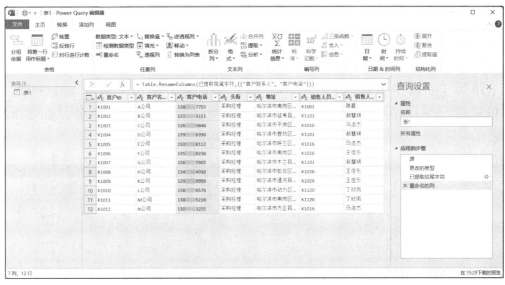

图 4-76 重命名提取的新列

步骤⑥：单击"文件"标签，在打开的下拉列表中选择"关闭并上载"命令，关闭 Power Query 编辑器。

步骤⑦：返回 Excel 主界面，可以看到系统自动创建了一张新表"Sheet1"，如图 4-77 所示。

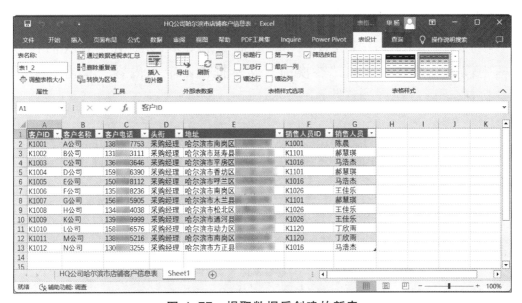

图 4-77 提取数据后创建的新表

3. 空格清洗

空格混杂在数据中，很难被发现，且会影响数据的运算与处理。含有空格的数值型数据会被默认为文本格式，进行数学运算时会出错。使用查找和替换功能可以删除数据中夹杂的无意义的空格。以工作表"2023年1月 HQ 公司 A 产品销售情况表"为例，介绍如何清洗空格。

步骤①：选中数据区域，在"开始"选项卡下单击"编辑"组中的"查找和选择"下拉按钮，在打开的下拉列表中选择"替换"命令，如图 4-78 所示。

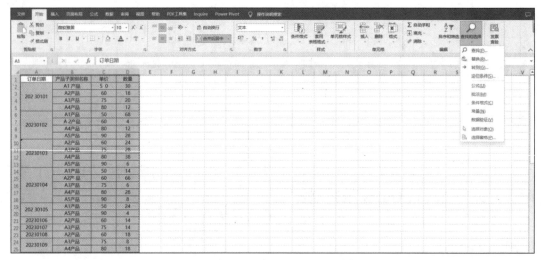

图 4-78　选择"替换"命令

步骤②：弹出"查找和替换"对话框（见图 4-79），在"查找内容"文本框中输入一个空格，在"替换为"文本框中不输入内容，单击"全部替换"按钮。

图 4-79　"查找和替换"对话框

步骤③：系统自动查找并替换空格，提示图 4-80 所示的"全部完成。完成 16 处替换。"

图 4-80　提示替换完成

4. 数据重复值清洗

每日在数据库添加数据之后，可能会出现重复数据，使数据变得冗余，这时就需要对数据进行清洗，删除重复数据。以"HQ 公司员工信息表"为例，介绍如何进行数据重复值清洗。

微课 4-12

（1）利用删除重复值功能

Excel 自带删除重复值功能，可以将所选区域中存在的重复值删除，具体操作步骤如下。

步骤①：选中数据区域，在"数据"选项卡下单击"数据工具"组中的"删除重复值"按钮，如图 4-81 所示。

图 4-81　单击"删除重复值"按钮

步骤②：系统弹出"删除重复值"对话框，如图 4-82 所示，根据需要选择要删除重复值的列，单击"确定"按钮。

图 4-82 单击"确定"按钮

步骤③：系统弹出删除重复值结果，如图 4-83 所示。

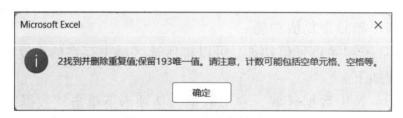

图 4-83 删除重复值结果

（2）寻找重复值

在实际的数据处理中，不只是简单地删除重复值，更多时候是先将重复值找出来，再进一步处理。寻找重复值的方法有很多种，可以通过排序将关键字相同的记录放在一起，也可以通过条件格式将重复的字段用特殊的格式标注，还可以通过函数计算统计每个单元格内容出现的次数，以此标注重复值。

① 利用排序寻找重复值。

对于"HQ 公司员工信息表"，如果要找出重复的员工姓名，可以按照关键字"姓名"进行排序，将相同姓名的员工放在一起，以便辨别重复值。单击"数据"选项卡下"排序和筛选"组中的"排序"按钮，打开"排序"对话框，如图 4-84 所示。在对文本进行排序时，单击"选项"按钮，弹出"排序选项"对话框，选择的排序方法可以是"字母排序"或"笔划排序"，如图 4-85 所示。

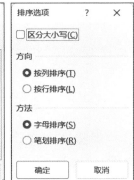

图 4-84　"排序"对话框　　　　　　　图 4-85　排序方法

② 利用条件格式寻找重复值。

Excel 中的条件格式，是指根据单元格的数据内容或公式结果，自动改变单元格的格式，如字体颜色、背景颜色等。条件格式可以帮助我们快速发现数据中的异常值、趋势和规律，从而更好地分析和利用数据。

步骤①：选中"姓名"列，在"开始"选项卡下"样式"组中单击"条件格式"下拉按钮，在打开的下拉列表中选择"突出显示单元格规则"，在打开的子列表中选择"重复值"命令，如图 4-86 所示。

图 4-86　选择"重复值"命令

步骤②：弹出"重复值"对话框，将重复值设置为"浅红填充色深红色文本"，如图 4-87 所示。

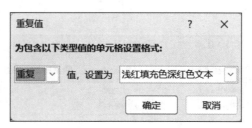

图 4-87　设置重复值

步骤③：单击"确定"按钮，系统自动将重复值进行标色处理，结果如图 4-88 所示。

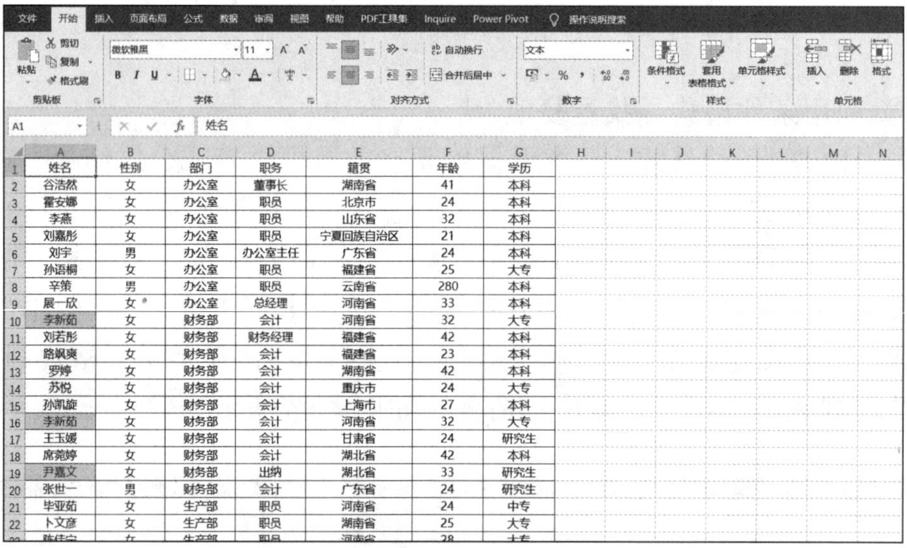

图 4-88　重复值标记结果

③ 利用 COUNTIF 函数寻找重复值。

COUNTIF 函数用于计算某个区域中满足给定条件的单元格数目。

步骤①：在 H2 单元格内输入公式"=COUNTIF(A:A,A2)"，用于统计 A 列中 A2 单元格内容的个数，如图 4-89 所示。

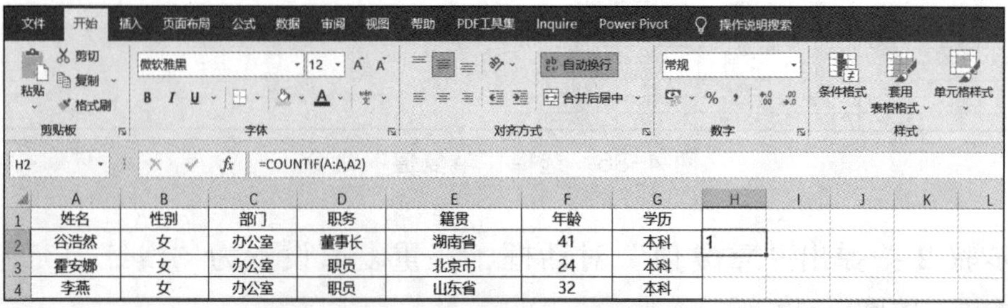

图 4-89　输入函数公式

步骤②：采用拖动填充公式的方式，查找 A 列全部单元格内容的重复值，如果某个单元格内容的数量大于 1，表示有重复值。公式计算结果如图 4-90 所示。

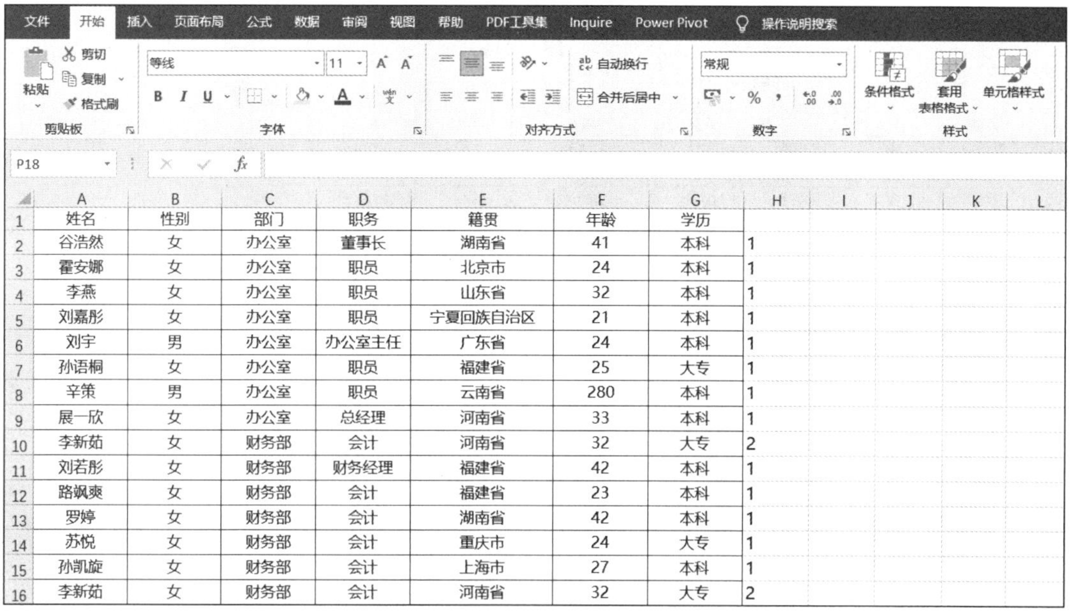

文件 开始 插入 页面布局 公式 数据 审阅 视图 帮助 PDF工具集 Inquire Power Pivot 操作说明搜索
剪切 复制 格式刷 粘贴 剪贴板
等线 11 字体
自动换行 合并后居中 对齐方式
常规 数字
条件格式 套用表格格式 单元格样式 样式
P18
A B C D E F G H I J K L
1 姓名 性别 部门 职务 籍贯 年龄 学历
2 谷浩然 女 办公室 董事长 湖南省 41 本科 1
3 霍安娜 女 办公室 职员 北京市 24 本科 1
4 李燕 女 办公室 职员 山东省 32 本科 1
5 刘嘉彤 女 办公室 职员 宁夏回族自治区 21 本科 1
6 刘宇 男 办公室 办公室主任 广东省 24 本科 1
7 孙语桐 女 办公室 职员 福建省 25 大专 1
8 辛策 男 办公室 职员 云南省 280 本科 1
9 展一欣 女 办公室 总经理 河南省 33 本科 1
10 李新茹 女 财务部 会计 河南省 32 大专 2
11 刘若彤 女 财务部 财务经理 福建省 42 本科 1
12 路飒爽 女 财务部 会计 福建省 23 本科 1
13 罗婷 女 财务部 会计 湖南省 42 本科 1
14 苏悦 女 财务部 会计 重庆市 24 大专 1
15 孙凯旋 女 财务部 会计 上海市 27 本科 1
16 李新茹 女 财务部 会计 河南省 32 大专 2

图 4-90　公式计算结果

步骤③：单击“数据”选项卡下“排序和筛选”组中的“筛选”按钮，在选取的列中单击下拉按钮，在打开的下拉列表中勾选大于 1 的数值，如图 4-91 所示。

姓名 性别 部门 职务 籍贯 年龄 学历
升序(S)
降序(O)
按颜色排序(T)
数字筛选(F)
(全选)
1
2
确定
取消

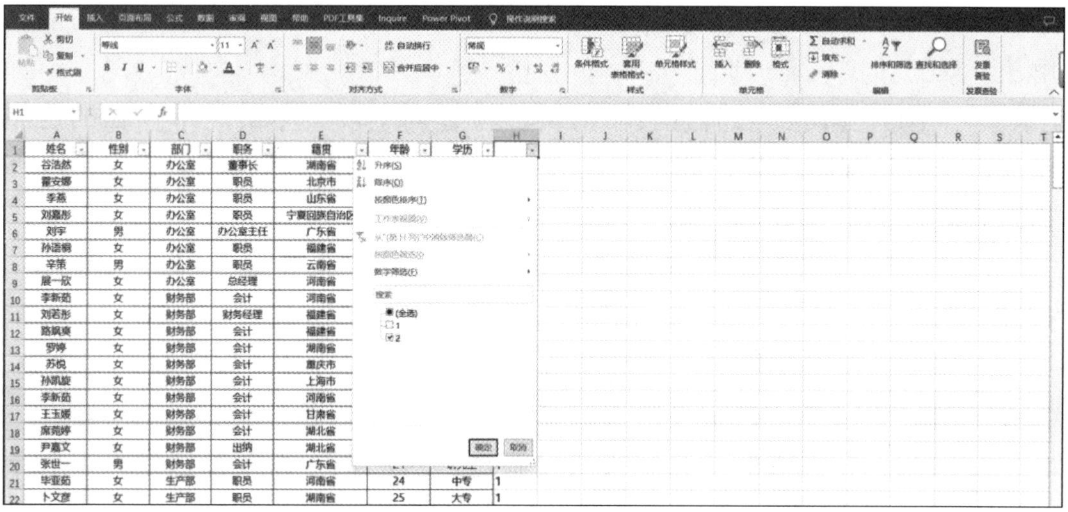

图 4-91　筛选数据

步骤④：得到所有单元格内容大于 1 的数据，筛选结果如图 4-92 所示。

	姓名	性别	部门	职务	籍贯	年龄	学历	H
10	李新茹	女	财务部	会计	河南省	32	大专	2
16	李新茹	女	财务部	会计	河南省	32	大专	2
19	尹嘉文	女	财务部	出纳	湖北省	33	研究生	2
26	尹嘉文	女	财务部	出纳	湖北省	33	研究生	2
80	闫钰新	男	生产部	职员	湖南省	41	大专	2
91	赵家睿	女	生产部	职员	河南省	32	大专	2
93	赵薇	女	生产部	职员	甘肃省	31	中专	2
96	周若瑜	女	生产部	职员	青海省	28	大专	2
98	周玉	女	生产部	职员	黑龙江省	27	大专	2
162	王佳乐	男	销售部	销售代表	贵州省	41	大专	2
163	王佳乐	女	销售部	销售代表	河北省	29	大专	2
173	闫钰新	女	销售部	销售代表	云南省	28	大专	2
181	赵家睿	男	销售部	销售代表	甘肃省	32	中专	2
183	赵薇	女	销售部	销售代表	黑龙江省	22	大专	2
184	周若瑜	女	销售部	销售代表	云南省	22	大专	2
185	周玉	女	销售部	销售代表	甘肃省	31	大专	2
197								

图 4-92　筛选结果

5. 数据逻辑错误清洗

逻辑错误，即违反逻辑规律的要求和逻辑规则而产生的错误，一般使用逻辑推理就可以发现逻辑错误。逻辑错误一般包括数据不合理、数据间自相矛盾及数据不符合规则等，如客户年龄为 500 岁，或限购 1 件的商品某客户购买了 3 件等。数据逻辑错误清洗可以利用条件格式或筛选功能来解决。

以"HQ 公司员工信息表"为例，检查列字段"年龄"中存在的逻辑错误。一般情况下，公司职工年龄在 18～60 岁。利用筛选功能，找出不在指定年龄段的员工。

步骤①：在"数据"选项卡下的"排序和筛选"组中单击"筛选"按钮。

步骤②：单击字段名"年龄"旁的下拉按钮，选择"数字筛选"命令，再在子列表中选择"自定义筛选"命令，如图 4-93 所示。

步骤③：在弹出的"自定义自动筛选"对话框中设置筛选条件，大于60 岁或者小于 18 岁，单击"确定"按钮，如图 4-94 所示。

图 4-93 选择"自定义筛选"命令

图 4-94 设置筛选条件

步骤④：系统筛选出满足筛选条件的内容，如图 4-95 所示。

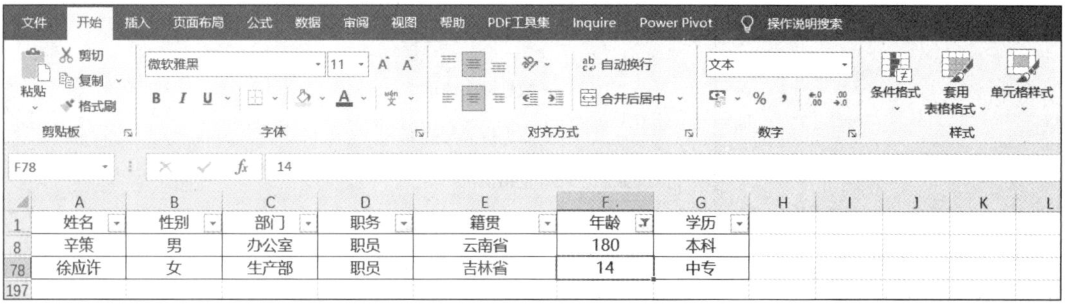

姓名	性别	部门	职务	籍贯	年龄	学历
辛策	男	办公室	职员	云南省	180	本科
徐应许	女	生产部	职员	吉林省	14	中专

图 4-95 筛选结果

任务实训

（1）将工作表"HQ 公司哈尔滨市店铺客户信息表"的"地址"列拆分成所在区县和门牌号码两列。

（2）清洗工作表"2021—2022 年 HQ 公司销售表"中的数据（缺失值、重复值、逻辑错误值等）。

思维导图

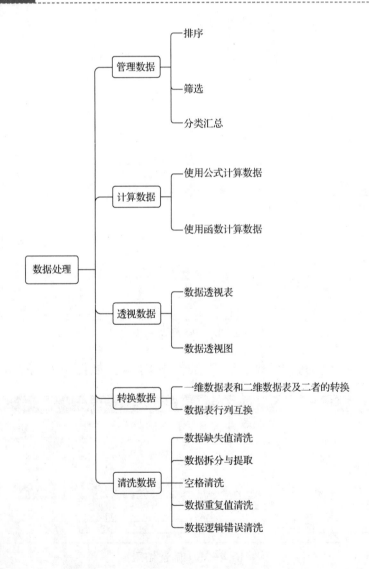

巩固提升

1. 理论夯实

（1）单选题

① （　　　）用于计算单元格区域中满足给定条件的单元格的个数。

    A．COUNT 函数　　　　　　　　B．COUNTIF 函数

    C．RANK 函数　　　　　　　　　D．MOD 函数

② （　　　）是指由一个单一的行和多个列组成的数据表。

    A．工作簿　　　　　　　　　　　B．工作表

    C．一维数据表　　　　　　　　　D．二维数据表

③ （　　　）是一种数据交互式报表，可以进行某些计算，如求和与计数等。

    A．数据透视表　　　　　　　　　B．数据透视图

    C．一维数据表　　　　　　　　　D．二维数据表

（2）多选题

① Excel 公式中含有的运算符包括（　　　）。

    A．算术运算符　　　　　　　　　B．文本运算符

    C．关系运算符　　　　　　　　　D．引用运算符

② Excel 中设置的（　　　）能够从文本中提取指定数量的字符。

    A．MID 函数　　　　　　　　　　B．LEFT 函数

    C．RIGHT 函数　　　　　　　　　D．LEN 函数

③ 寻找重复值的方法包括（　　　）。

    A．利用排序寻找重复值

    B．利用筛选寻找重复值

    C．利用条件格式寻找重复值

    D．利用 COUNTIF 函数寻找重复值

（3）判断题

① 函数是一些预先编写的、按特定顺序或结构执行计算的特殊公式。（　　　）

② 能实现一维、二维数据表相互转换的工具是数据透视表。（　　　）

③ 可以采用删除、保留、使用替代值等方法处理数据缺失值。（　　　）

2．实践操作

使用工作表"2021 年和 2022 年 HQ 公司店铺任务表"，根据所学知识进行数据清洗。

学习评价

序号	学生自评			小组互评			教师评价		
	★★★	★★	★	★★★	★★	★	★★★	★★	★
任务 1									
任务 2									
任务 3									
任务 4									
任务 5									

项目五

数据可视化

知识目标

1. 掌握 Excel 提供的图表类型及其适用的情形
2. 熟悉散点图、直方图、箱形图和股价图的适用范围
3. 熟悉柱形图、条形图和雷达图的适用范围
4. 熟悉折线图、组合图、面积图和曲面图的适用范围
5. 熟悉饼图、瀑布图、树状图和旭日图的适用范围

能力目标

1. 具备选择合适图表进行数据可视化的能力
2. 具备绘制散点图、直方图、箱形图和股价图进行描述性分析的能力
3. 具备绘制柱形图、条形图和雷达图进行对比分析的能力
4. 具备绘制折线图和组合图进行趋势分析的能力
5. 具备绘制饼图、瀑布图、树状图和旭日图进行结构分析的能力

素质目标

1. 培养良好的数据分析能力
2. 培养执着专注、精益求精、一丝不苟、追求卓越的工匠精神

任务1 认识图表

 情景导入

数据可视化，是指将庞大的数据通过可视的、可交互的方式进行展示，从而形象、直观地表达数据所蕴含的信息和规律，常用的可视化展示方式便是图表。图表是 Excel 中重要的数据分析工具，它可以通过直观的图形展示抽象且枯燥的数据，让数据更加容易理解。

知识学习

1. 图表类型

微课 5-1

Excel 提供了能够进行描述性分析、对比分析、趋势分析和结构分析等几大类图表，并且每个大类下又包含若干小类。图表大类如表 5-1 所示。

表 5-1　图表大类

方面		类型	用途
1	描述性分析	散点图	用于表现两组数据的相关性，散点图有两个数值轴，沿横坐标轴（x 轴）方向显示一组数值数据，沿纵坐标轴（y 轴）方向显示另一组数值数据
		直方图	可以清晰地展示一组数据的分布情况，让用户简便、清晰地看到数据的分类情况和各类别之间的差异，为分析和判断数据提供依据
		箱形图	图形由柱形、线段和数据点组成，这些线条指示超出四分位点上限和下限的变化程度，处于这些线条或虚线之外的任何点都被视为离群值
		股价图	用来显示股价的波动，也可用于其他科学数据分析
2	对比分析	柱形图	显示一段时间内的数据变化或说明各数据之间的比较情况。在柱形图中，通常沿横坐标轴组织类别，沿纵坐标轴组织数值
		条形图	显示各类型数值之间的比较情况
		雷达图	比较若干数据标签的聚合值

续表

	方面	类型	用途
3	趋势分析	折线图	显示随时间而变化的一组连续数据，通常表明相等时间间隔下数据的变化趋势。在折线图中，类别沿横坐标轴均匀分布，所有的数值沿纵坐标轴均匀分布
		组合图	两种及两种以上的图表组合而成的图表形式，如柱形图和折线图、面积图和折线图等。通过将多种图表组合在一起的方式，让图表内容更加丰富、直观
		面积图	显示数值随时间或其他类数据变化的趋势，强调数值随时间或其他类数据变化的程度，也可用于引起人们对总值趋势的注意
		曲面图	可以找到两组数据之间的最佳组合。常用于类别和数据标签都是数值的情况
4	结构分析	饼图	以一个完整的圆表示数据对象的总体，其中的扇形表示各个组成部分。其中，圆环图作为饼图一种类型，用于显示各个部分与整体之间的关系，以一个完整的环形表示数据对象的全体
		瀑布图	表现一系列数据的增减变化情况及数据之间的差异对比，通过显示各阶段的正值或者负值来显示值的变化过程
		树状图	展示数据之间的层级和占比关系，矩形的面积代表数值的大小，颜色和排列代表数据的层级关系
		旭日图	展示多层级数据之间的占比及对比关系。同一圆环代表同一级别的比例数据，离圆心越近的圆环级别越高，最内层的圆环的级别最高

 学思园地

　　中国特色社会主义进入新时代，这在新中国发展史上、中华民族发展史上具有重大意义，在世界社会主义发展史上、人类社会发展上也具有重大意义。

2. 创建图表

　　Excel 提供了丰富的图表功能，"插入"选项卡下的"图表"组如图 5-1 所示。

图 5-1　"图表"组

选中数据区域，Excel 可以使用快捷命令创建图表，也可以使用"插入图表"对话框查看可以创建的全部图表，如图 5-2 所示。

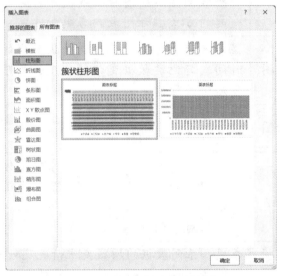

图 5-2　"插入图表"对话框

以堆积柱形图为例，图表由图表区、绘图区、标题、数据标签、坐标轴、图例、数据表等基本组成部分构成，如图 5-3 所示。此外，图表还包括数据表和三维背景等特定情况下才显示的对象。单击图表上的某个组成部分，可以选中该部分。

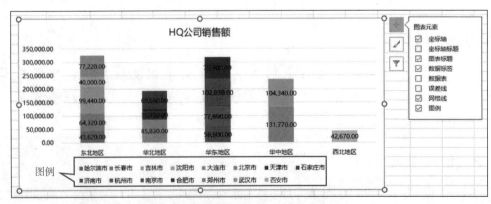

图 5-3　图表示例——堆积柱形图

① 图表区，是指图表的全部范围。Excel 默认的图表区是由白色填充区域和黑色细实线边框组成的。

② 绘图区，是指图表区内的图形表示的范围，即以坐标轴为边的四方形区域。设置绘图区格式，可以改变绘图区边框的样式和内部区域的填充颜色及效果。

③ 标题包括图表标题和坐标轴标题。图表标题是显示在绘图区上方的文本框，坐标轴标题是显示在坐标轴边上的文本框。图表标题只有 1 个，而坐标轴标题最多允许有 4 个。Excel 默认的标题是无边框的黑色文字。

④ 数据标签是由数据点构成的，每个数据点对应工作表中的一个单元格内的数据。

⑤ 坐标轴按位置不同分为主坐标轴和次坐标轴两类。Excel 默认显示的是绘图区左边的主 y 轴和下边的主 x 轴。

⑥ 图例由图例项和图例项标识组成，默认显示在绘图区下方。

⑦ 数据表显示图表中所有数据标签的数据。对于设置了显示数据表的图表，数据表将固定显示在绘图区的下方。如果图表中使用了数据表，则一般不再使用图例。只有带分类轴的图表才能显示数据表。

除了以上内容之外，有时会使用三维背景，三维背景由基底和背景墙组成。用户可以通过设置三维视图格式，调整二维图表的透视效果。

3. 编辑图表

图表创建完成后，可对其进行编辑，如更改图表布局和样式、更改图表类型、移动图表位置等。

（1）更改图表布局和样式

创建图表后，用户可以更改图表的外观。为了避免手动进行大量的格式设置，Excel 提供了多种有用的预定义布局和样式，用户可以快速将其应用于图表中。

微课 5-2

步骤①：选中需设置格式的图表，激活"图表工具"选项卡，其中包含"图表设计"和"格式"子选项卡，如图 5-4 所示。

图 5-4 "图表工具"选项卡

步骤②：单击"图表设计"子选项卡下"图表布局"组的"快速布局"下拉按钮，在打开的下拉列表中选择要应用的图表布局，如图5-5所示。

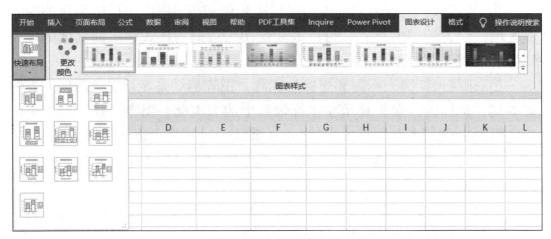

图5-5　选择图表布局

步骤③：若应用预定义样式，选择"图表设计"子选项卡下"图表样式"组中的某个样式即可，如图5-6所示。

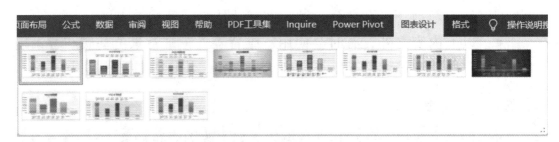

图5-6　选择图表样式

（2）更改图表类型

对于大多数二维图表，可以更改整个图表的图表类型，也可以为任何单个数据系列选择另一种图表类型，使图表转换为组合图表，操作步骤如下。

步骤①：选中需更改类型的图表，激活"图表工具"选项卡，单击"图表设计"子选项卡下"类型"组中的"更改图表类型"按钮。

步骤②：弹出"更改图表类型"对话框（见图5-7），选择适宜的图表进行更换，单击"确定"按钮。

（3）移动图表位置

Excel可以将图表移动到另一个工作表，或将图表放入新的图表工作表，具体操作步骤如下。

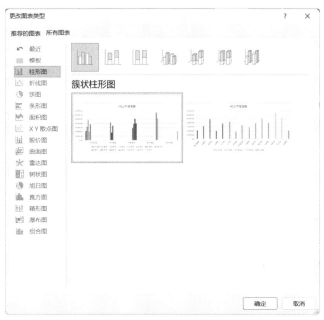

图 5-7　"更改图表类型"对话框

步骤①：新增一个空白工作表"Sheet1"。

步骤②：选中需移动位置的图表，激活"图表工具"选项卡，单击"图表设计"子选项卡下"位置"组中的"移动图表"按钮。

步骤③：弹出"移动图表"对话框，选中"新工作表"单选项，默认移动到工作表"Chart1"，单击"确定"按钮，自动将图表移动到工作表"Chart1"中，如图 5-8 所示。

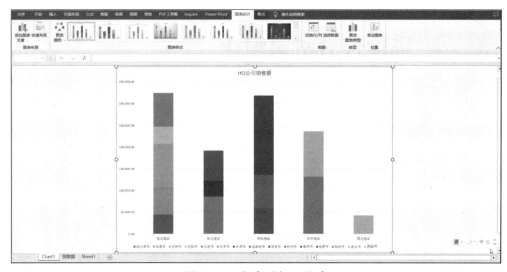

图 5-8　移动到新工作表

若在"移动图表"对话框中选中"对象位于"单选项并选择"Sheet1"选项，单击"确定"按钮，则图表将移动至工作表"Sheet1"中，如图5-9所示。

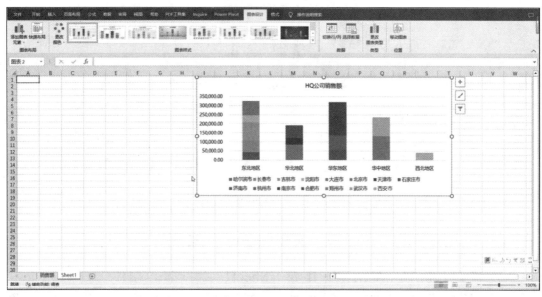

图5-9　移动到新工作表

 任务实训

使用工作表"2023年1月HQ公司客户订单金额表"，练习图表的创建和编辑。

任务 2　描述性分析可视化

 情景导入

描述性分析在各种领域中都有广泛的应用，如医学、经济学、社会学等。在医学领域中，描述性分析用于描述疾病的发病率、死亡率等指标，为疾病预防和治疗提供数据支持；在经济学领域中，描述性分析用于分析经济发展的趋势、居民消费水平等指标，为国家政策制定提供参考；在社会学领域中，描述性分析用于描述社会人口结构、文化习惯等指标，为政府决策提供依据。

知识学习

描述性分析，是一种用于描述数据特征的方法，它通过收集数据的各种指标，计算出这些指标的平均数、方差、标准差等，来描述数据的集中趋势、离散程度和相关关系等特征。该方法通常适用于数据量较小、样本不易收集的情况，对数据的分析和推断具有重要意义。在 Excel 中，散点图、直方图、箱形图、股价图等都可以用于描述性分析。

微课 5-3

1. 散点图

散点图，是由一些散乱的点组成的图表，这些点的位置是由其 x 值和 y 值确定的。它将所有的数据以点的形式展现在直角坐标系上，以显示变量之间的相互影响程度，点的位置由变量的数值决定。

Excel 提供了多种类型的散点图，包括散点图、带平滑线和数据标记的散点图、带平滑线的散点图、带直线和数据标记的散点图、带直线的散点图、气泡图、三维气泡图，如图 5-10 所示。

散点图　　带平滑线和数据　带平滑线　带直线和数据　带直线的　　气泡图　　三维气泡图
　　　　　标记的散点图　的散点图　标记的散点图　散点图

图 5-10　散点图的类型

使用"2023 年 1 月 HQ 公司销售代表销售情况表"，分析各销售代表的实际销售额与已购买客户数之间的关系。图 5-11 显示了 2023 年 1 月 HQ 公司销售代表实际销售额与已购买客户数之间的关系。可以看出，销售代表的已购买客户数大部分在 150 以下。

为更准确地判断已购买客户数，可以修改坐标轴格式，具体操作如下。

步骤①：选中纵坐标轴，右击，在弹出的快捷菜单中选择"设置坐标轴格式"命令，如图 5-12 所示。

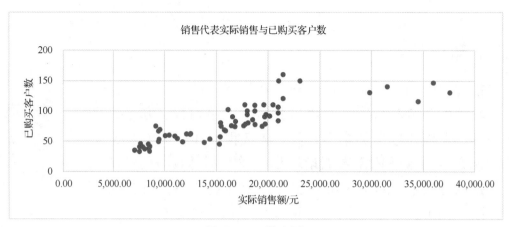

图 5-11　散点图

图 5-12　选择"设置坐标轴格式"命令

步骤②：弹出"设置坐标轴格式"窗格，将单位的最大值由"50.0"更改为"30.0"，如图 5-13 所示。

图 5-13　更改单位的最大值

设置完成后，销售代表的已购买客户数的区域分布更加明显，其已购买客户数主要为 30～120，涉及的实际销售额区间为 5 000～21 000 元。同时，也可以看出，已购买客户数越多，销售代表的实际销售额越高。更改后的散点图如图 5-14 所示。

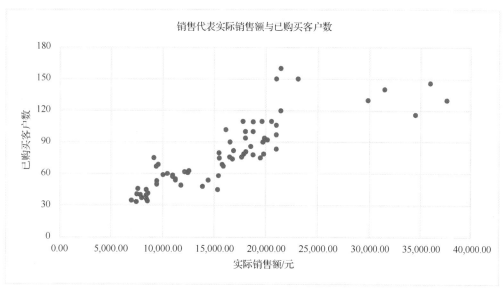

图 5-14 更改后的散点图

带直线和数据标记的散点图能更清楚地表现变化的大致趋势，如图 5-15 所示。

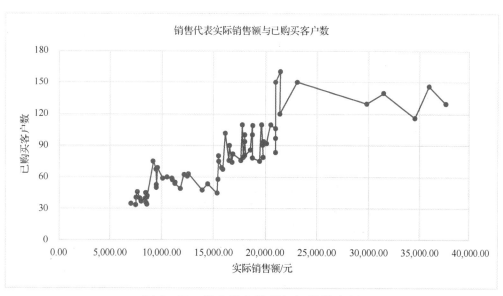

图 5-15 带直线和数据标记的散点图

三维气泡图也属于散点图，是在散点图上添加一个维度，即用气泡的大小表示一个新的维度——客户数。图5-16所示的三维气泡图展示了销售代表的实际销售额与客户数、已购买客户数之间的关系。气泡越大，说明销售代表对应的已购买客户数越多，对应的实际销售额也越高。

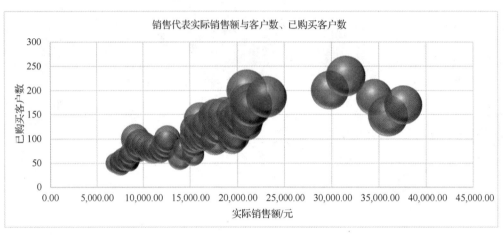

图 5-16　三维气泡图

2. 直方图

直方图，也叫质量分布图，用于观察单变量的分布情况，是常用的数据分布图表之一。在直方图中，一般用横轴表示数据类型，纵轴表示分布情况。

使用"2023年1月HQ公司销售代表销售情况表"，分析销售代表的实际销售额分布情况。图5-17中，销售代表的实际销售额集中在7 000～24 400元，其中，实际销售额在7 000～12 800元的销售代表最多。

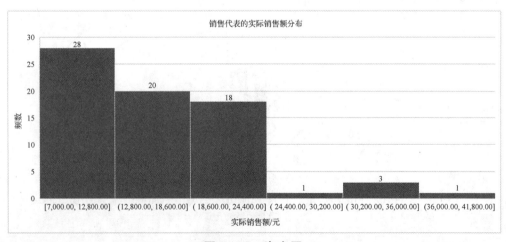

图 5-17　直方图

Excel 在直方图的分类中提供了排列图，即帕累托图分布累计图，如图 5-18 所示。此时直方图中的各条形按照频数降序排列，同时生成以生成累计频数百分比计数的折线。

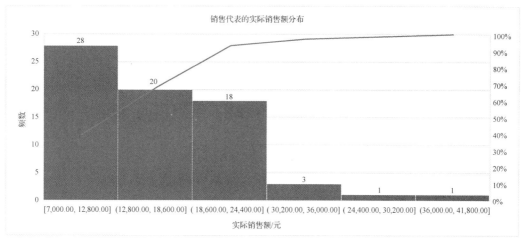

图 5-18　排列图

3. 箱形图

箱形图又称为盒须图、箱线图，是一种用于显示一组数据分布情况的统计图。它用 6 个数字对分布进行概括，即一组数据的最大值、上四分位数、均值、中位数、下四分位数及最小值，箱形图说明如图 5-19 所示。对于数据集中的异常值，会以单独的点绘制。箱形图多用于数值统计，不需要占据过多的画布空间，空间利用率高，非常适用于比较多组数据的分布情况。

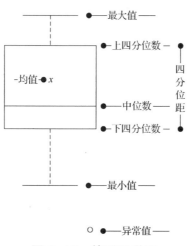

图 5-19　箱形图说明

图 5-19 中，如果数据从大到小排列，箱子的上方线和下方线，分别表示数据的上四分位数和下四分位数，上四分位数和下四分位数的差值就是箱子的高度，称为四分位距。箱子的高度反映了这些数据的波动状态，箱形图越扁，表示数据分布越集中。

使用"2022 年 HQ 公司产品销售额"绘制箱形图，如图 5-20 所示。以 A 产品销售额为例，最小值为 86 100 元，最大值为 162 000 元，均值为 119 775 元，中位数为 115 500 元，上四分位数为 145 500 元，下四分位数为 99 075 元。相比于 B 产品和 C 产品，A 产品的箱形图最扁，表明 A 产品在一年内的销售额分布最集中。

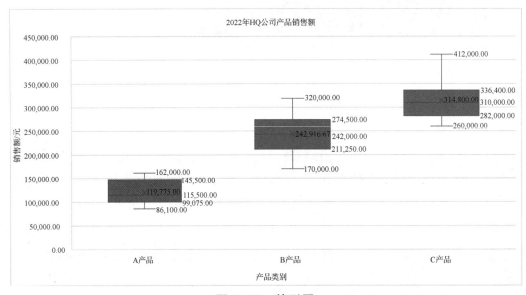

图 5-20　箱形图

4. 股价图

股价图，也就是蜡烛图，即 K 线图，常用于展示股票交易数据，展示各种股票一定时点的开盘价、收盘价、最高价、最低价等涨跌变化状况，股价图说明如图 5-21 所示。其中，最上方的一条细线称为上影线，中间的一条粗线为实体，下面的一条细线为下影线。当收盘价高于开盘价，也就是股价走势呈上升趋势时，这种情况下的 K 线为阳线，实体以白色或红色表示；收盘价低于开盘价情况下的 K 线称为阴线，实体以黑色或绿色表示。上影线的长度表示最高价和收盘价之间的价差，实体的长度代表收盘价与开盘价之间的价差，下影线的长度则代表开盘价和最低价之间的差距。

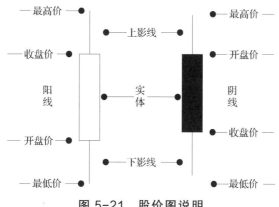

图 5-21　股价图说明

以工作表"2023 年 7 月 HQ 公司股价"为例，在 Excel 的股价图中，给出了数据系列的排列顺序，如图 5-22 所示。

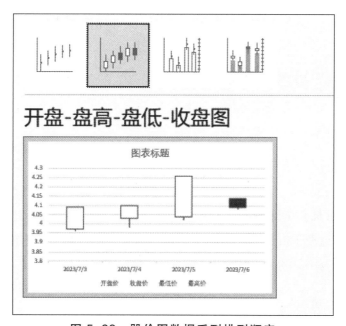

图 5-22　股价图数据系列排列顺序

按要求对数据进行整理，并绘制股价图，如图 5-23 所示。图 5-23 展示了 2023 年 7 月各交易日 HQ 公司股价的开盘价、最高价、最低价、收盘价和相应的数据表。2023 年 7 月，HQ 公司股价有 10 根阳线、9 根阴线，7 月 28 日，收盘价与开盘价之间的价差最大。

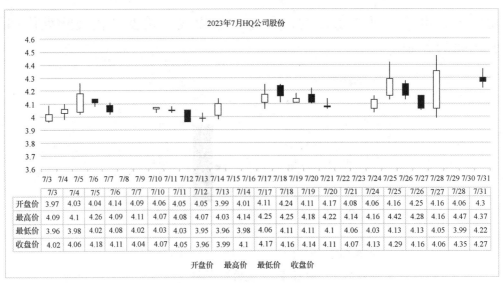

图 5-23　股价图

	7/3	7/4	7/5	7/6	7/7	7/10	7/11	7/12	7/13	7/14	7/17	7/18	7/19	7/20	7/21	7/24	7/25	7/26	7/27	7/28	7/31
开盘价	3.97	4.03	4.04	4.14	4.09	4.06	4.05	4.05	3.99	4.01	4.11	4.24	4.11	4.17	4.08	4.06	4.16	4.25	4.16	4.06	4.3
最高价	4.09	4.1	4.26	4.09	4.11	4.07	4.08	4.07	4.03	4.14	4.25	4.25	4.18	4.22	4.14	4.16	4.42	4.28	4.16	4.47	4.37
最低价	3.96	3.98	4.02	4.08	4.02	4.03	4.03	3.95	3.96	3.98	4.06	4.11	4.11	4.1	4.06	4.03	4.13	4.13	4.05	3.99	4.22
收盘价	4.02	4.06	4.18	4.11	4.04	4.07	4.05	3.96	3.99	4.1	4.17	4.16	4.14	4.11	4.07	4.13	4.29	4.16	4.06	4.35	4.27

开盘价　　最高价　　最低价　　收盘价

 任务实训

登录和讯网，收集格力电器（000651）周线图数据，绘制股价图。

任务3　对比分析可视化

 情景导入

对比分析在财务日常工作中经常遇到，不仅可以对比企业在不同年度或季度的收入、成本、毛利、净利等主要指标，分析其变化趋势；也可以对比企业在不同部门或产品线上的收入、成本、毛利、净利等主要指标，分析其差异。对比分析有助于深入了解企业的经营情况和盈利能力，及时发现问题并制定相应的经营策略。

 知识学习

对比分析，是指将两个或两个以上的数据进行比较，分析它们的差异，从而揭示这些数据所代表的事物发展变化情况和规律性。对比分析可以非常直观地看出事物某方面的变化或差距，并且可以准确、量化地表示出这种变化或差距是多少。对比对象可以是企业不同年度的数据，也可以是同一

微课 5-4

年度的行业数据。在 Excel 中，柱形图、条形图和雷达图等都可以用于对比分析。

 学思园地

科技是粮食安全的重要保障，据统计，农业科技贡献率从 2012 年的 53% 提高到 2022 年的 62%。十年来，我国在农业领域取得了巨大的科技创新成果，数万项科技产品和农业产品为农业领域的特色产业发展以及乡村振兴做出重大贡献。

小贴士

根据分析的需要，对比分析可分为绝对数对比和相对数对比两种形式。绝对数对比利用绝对数进行比较，如比较 A 企业 2021 年和 2022 年的净利数据，说明净利的变化趋势。相对数对比利用相对数进行比较，如比较 2022 年 A 企业和 B 企业的净资产收益率，分析两家企业的盈利能力强弱。

1. 柱形图

柱形图，是一种以宽度相同的条形的长度为变量的统计图表。一般来说，柱形图只有一个变量，比较适用于较小数据集的分析。柱形图可以横向排列，或者用多维的方式表达，利用柱形图可以比较直观地表示数据量的大小并进行比较，可以明显地反映出各数据之间的差异。在柱形图中，类别通常沿横坐标轴组织，数值通常沿纵坐标轴组织。

Excel 提供了多种类型的柱形图，包括簇状柱形图、堆积柱形图、百分比堆积柱形图、三维簇状柱形图、三维堆积柱形图、三维百分比堆积柱形图、三维柱形图，如图 5-24 所示。

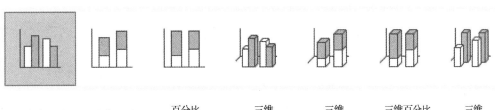

簇状柱形图　堆积柱形图　百分比堆积柱形图　三维簇状柱形图　三维堆积柱形图　三维百分比堆积柱形图　三维柱形图

图 5-24　柱形图的类型

使用"2022年HQ公司产品销售额"，分析A产品的销售情况，绘制的柱形图如图5-25所示。在柱形图中，使用了趋势线中的"双周期移动平均"，即使用两个不同的月份计算平均值，以更好地捕捉A产品销售情况的变化趋势。可以看出，2022年A产品各月份的销售额并不相等，而且变化较大，有9个月份的销售额处于10万元以上，其中，11月的销售额最低，8月的销售额最高。

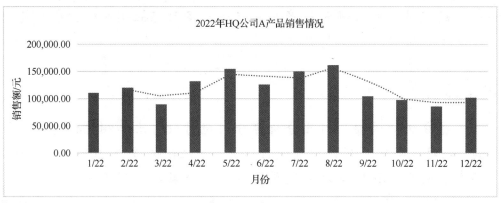

图 5-25　柱形图

2. 条形图

条形图，是用宽度相同的条形的长短表示数据多少的图形，主要用于显示各项目之间的数据差异。与柱形图不同的是，条形图是在垂直方向依次展示数据的。条形图的分类项在垂直方向表示，数值在水平方向表示。条形图可以突出数值的对比。条形图可以应用于轴标签过长的图表绘制，以免出现柱形图中对长分类标签省略的情况。与柱形图相比，条形图更适合展现排名。

Excel提供了多种类型的条形图，包括簇状条形图、堆积条形图、百分比堆积条形图、三维簇状条形图、三维堆积条形图、三维百分比堆积条形图，如图5-26所示。

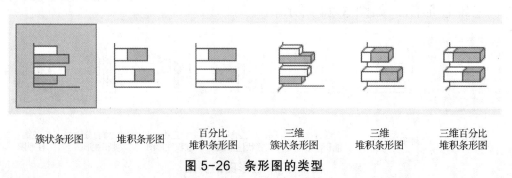

图 5-26　条形图的类型

使用工作表"2023 年 1 月 HQ 公司销售代表销售情况表"，绘制条形图，分析 101 店铺销售代表的销售业绩，如图 5-27 所示。可以看出，101 店铺销售代表只有 1 人完成了销售计划，需要查明原因。

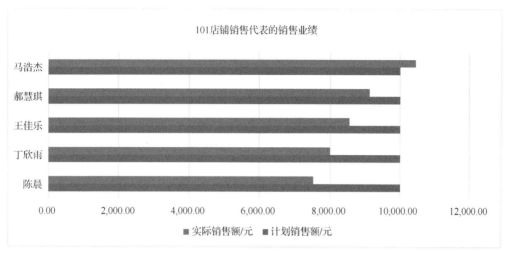

图 5-27　条形图

3. 雷达图

雷达图，又称蜘蛛网图，用于显示独立数据系列之间以及某个特定系列与其他系列的整体关系。每个分类都拥有自己的数值坐标轴，这些坐标轴同心圆向外辐射，并由折线将同系列中的值连接起来。雷达图适用于多维（四维以上）数据且每个维度必须可以排序的情形。

Excel 提供了三种类型的雷达图，包括雷达图、带数据标记的雷达图和填充雷达图，如图 5-28 所示。

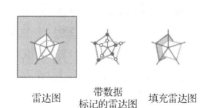

图 5-28　雷达图的类型

使用工作表"2022 年财务状况指标"，绘制雷达图，分析 HQ 公司、WD 公司和 TC 公司等三家公司在 2022 年的财务状况。一般情况下，资产负债率在 40%～60%，表明企业的偿债能力较强且充分利用了债务资金，净资产收益率、总资产周转率和净利润增长率越大越好。如图 5-29 所示，该雷达图中三角形标尺的间隔单位是 10%，因此可以看出只有 HQ 公司的资产负债率处于 40%～60% 的理想区间。此外，三家公司中 HQ 公司的营运能力最强、发展能力最弱。

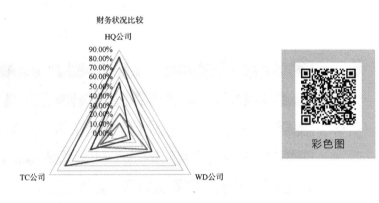

图 5-29　雷达图

 任务实训

使用工作表"2023 年 1 月 HQ 公司销售代表销售情况表"，绘制条形图，分析 101 店铺销售代表销售额（按季度）。

任务 4　趋势分析可视化

 情景导入

在信息时代，数据已成为我们生活和工作不可或缺的一部分。数据的收集和分析有助于我们洞察问题、预测趋势以及做出明智的决策。而在众多数据分析方法中，趋势分析法被广泛应用于各个领域，其能够帮助我们识别数据的演变趋势，揭示出数据背后的规律和规律性变化。

 知识学习

趋势分析的基本原理是在一定时间范围内，通过观察数据的变化情况，找出其中的趋势性变化，并利用这些趋势性变化进行预测和决策。在 Excel 中，折线图、组合图、面积图和曲面图等可以用于趋势分析。

微课 5-5

小贴士

在财务工作中，趋势分析主要通过对比两期或连续数期的财务或非财务数据，确定其增减变动的方向、数额或幅度，以掌握有关数据的变动趋势或发现异常的变动。简单的趋势分析是将本期数据与上期数据进行比较，复杂的趋势分析则涉及多个会计期间多项数据的比较。用于趋势分析的数据既可以是绝对值，也可以是以比率表示的相对值。

学思园地

2021年10月，中共中央政治局就推动我国数字经济健康发展进行第三十四次集体学习。近年来，互联网、大数据、云计算、人工智能、区块链等技术加速创新，日益融入经济社会发展各领域，数字经济发展速度之快、辐射范围之广、影响程度之深前所未有，正在成为重组全球要素资源、重塑全球经济结构、改变全球竞争格局的关键力量。

1. 折线图

折线图，用于显示数据在一个连续的时间间隔或者时间跨度上的变化，它能反映事物随时间或其他有序类别而变化的趋势。在折线图中，类别数据沿水平轴均匀分布，所有值数据沿垂直轴均匀分布。对数据是递增还是递减、增减的速率、增减的规律（周期性、螺旋性等）、峰值等，折线图都可以清晰地反映出来。所以，折线图常用来分析数据随时间变化的趋势，也可用来分析多组数据随时间变化的相互作用和相互影响。

在 Excel 中，折线图包括折线图、堆积折线图、百分比堆积折线图、带数据标记的折线图、带标记的堆积折线图、带数据标记的百分比堆积折线图、三维折线图，如图 5-30 所示。

使用工作表"2022 年 1—12 月 HQ 公司销售情况"，分析 2022 年 HQ 公司销售毛利的变化趋势。在原始数据表中，只有销售收入和销售成本，利用"销售毛利=销售收入-销售成本"，计算销售毛利，如图 5-31 所示。

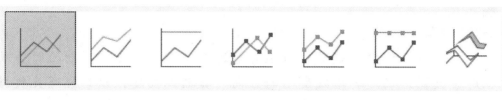

折线图　堆积折线图　百分比堆积折线图　带数据标记的折线图　带标记的堆积折线图　带数据标记的百分比堆积折线图　三维折线图

图 5-30　折线图的类型

	A	B	C	D
1	时间	销售收入	销售成本	销售毛利
2	2022年1月	1,113,840.00	713,948.00	=B2-C2
3	2022年2月	1,158,390.00	723,890.00	
4	2022年3月	1,240,310.00	741,952.00	
5	2022年4月	1,289,900.00	760,214.00	
6	2022年5月	1,304,500.00	775,120.00	
7	2022年6月	1,356,780.00	790,254.00	
8	2022年7月	1,411,560.00	806,541.00	
9	2022年8月	1,478,005.00	823,000.00	
10	2022年9月	1,574,020.00	840,251.00	
11	2022年10月	1,603,890.00	858,920.00	
12	2022年11月	1,680,800.00	875,920.00	
13	2022年12月	1,740,065.00	892,145.00	
14				

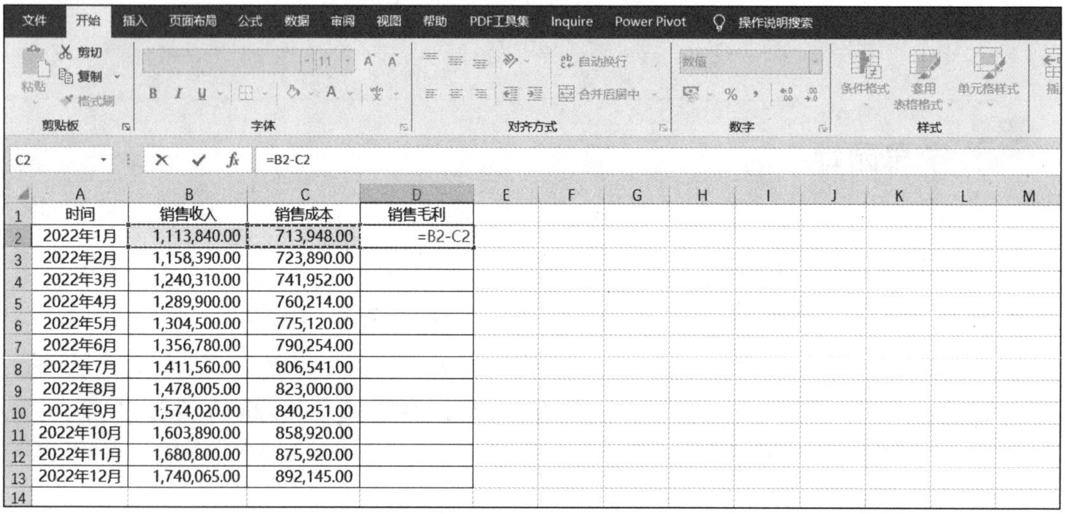

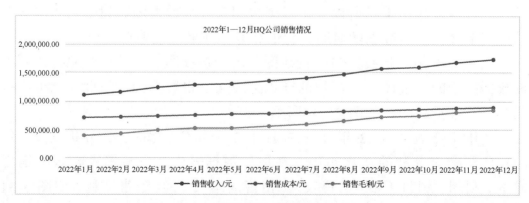

图 5-31　计算销售毛利

绘制带数据标记的折线图，结果如图 5-32 所示。据图 5-32 可知，2022 年 1—12 月，HQ 公司的销售毛利总体上呈现出逐月上升趋势，这得益于销售成本上升幅度小于销售收入上升幅度。

图 5-32　折线图

2. 组合图

组合图，是将不同类型的图表结合在一起，以更全面地呈现数据。通常情况下，组合图会将多个图表放置在同一画布上，让观察者可以方便地比较和分析不同数据集之间的关系。在 Excel 中，常见的组合图类型包括簇状柱形图-折线图、簇状柱形图-次坐标轴上的折线图、堆积面积图-簇状柱形图和自定义组合等。

使用工作表“2022 年 1—12 月 HQ 公司销售情况”，计算销售毛利率，绘制簇状柱形图-次坐标轴上的折线图，分析 HQ 公司销售情况。利用“销售毛利率=销售毛利/销售收入”等式关系，计算销售毛利率，如图 5-33 所示。注意，将计算结果转换为百分比。

	A	B	C	D	E
1	时间	销售收入	销售成本	销售毛利	销售毛利率
2	2022年1月	1,113,840.00	713,948.00	399,892.00	=D2/B2
3	2022年2月	1,158,390.00	723,890.00	434,500.00	
4	2022年3月	1,240,310.00	741,952.00	498,358.00	
5	2022年4月	1,289,900.00	760,214.00	529,686.00	
6	2022年5月	1,304,500.00	775,120.00	529,380.00	
7	2022年6月	1,356,780.00	790,254.00	566,526.00	
8	2022年7月	1,411,560.00	806,541.00	605,019.00	
9	2022年8月	1,478,005.00	823,000.00	655,005.00	
10	2022年9月	1,574,020.00	840,251.00	733,769.00	
11	2022年10月	1,603,890.00	858,920.00	744,970.00	
12	2022年11月	1,680,800.00	875,920.00	804,880.00	
13	2022年12月	1,740,065.00	892,145.00	847,920.00	

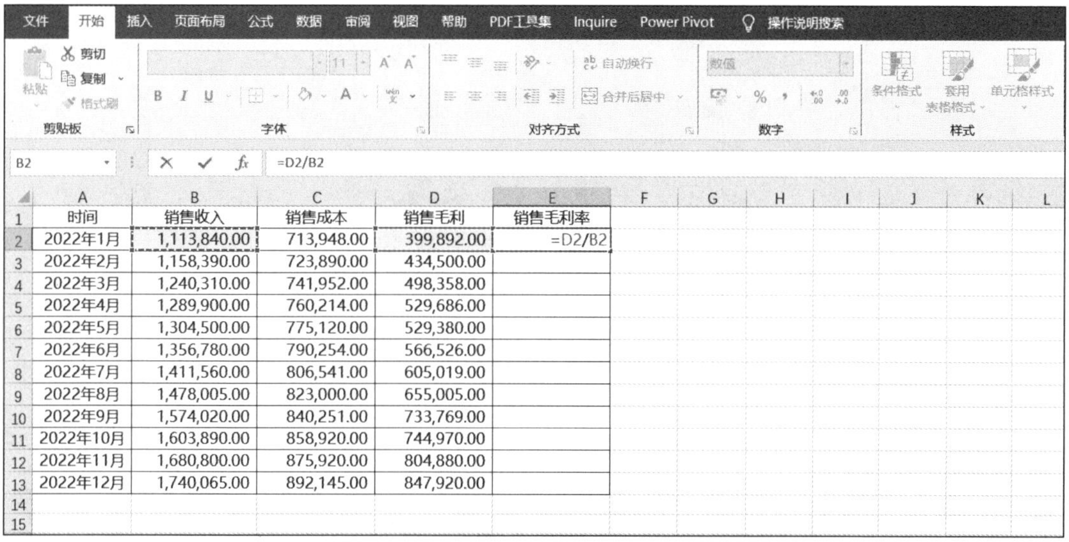

图 5-33 计算销售毛利率

绘制簇状柱形图-次坐标轴上的折线图，设置“销售毛利率”系列的图表类型为“带数据标记的折线图”，并勾选对应的“次坐标轴”复选框，如图 5-34 所示。

绘制出的组合图如图 5-35 所示。因为销售毛利率为百分数，与金额较大的销售收入和销售成本相比，如果使用单一图表，会因数据较小而显示不明显，组合图使用主次坐标轴很好地解决了这一问题。从图 5-35 中可以看出，销售收入的增长速度明显快于销售成本，因而销售毛利率总体呈上升趋势。

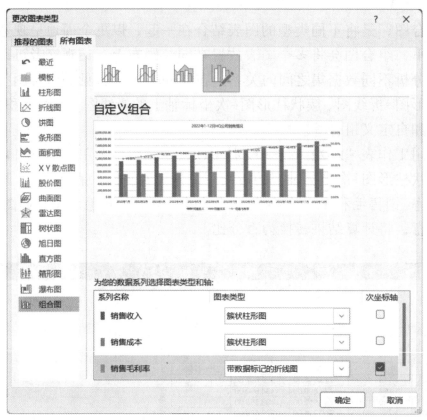

图 5-34　选择适用的图形

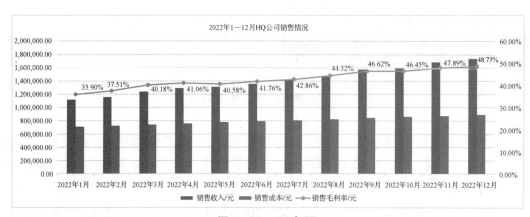

图 5-35　组合图

3．面积图

面积图强调数量随时间而变化的程度，也可用于引起人们对总值趋势的注意。面积图是在折线图的基础上形成的，它将折线图中折线与表示自变量的坐标轴之间的区域使用颜色或者纹理填充，这样一个填充区域叫作面积，不同颜色的填充可以更好地突出趋势信息。面积图常用于表现趋势和关系，而不是表示特定的值。

Excel 提供的面积图包括面积图、堆积面积图、百分比堆积面积图、三维面积图、三维堆积面积图、三维百分比堆积面积图，如图 5-36 所示。

面积图　堆积面积图　百分比堆积面积图　三维面积图　三维堆积面积图　三维百分比堆积面积图

图 5-36　面积图的类型

打开 Excel 工作簿"2022 年 HQ 公司财务表格"中的工作表"1—12月资产情况表"，选中"流动资产"列和"非流动资产"列，绘制堆积面积图，如图 5-37 所示。可以看出，2022 年 1—12 月，HQ 公司的资产总额呈现出上升趋势，相比之下，流动资产金额略高于非流动资产金额。

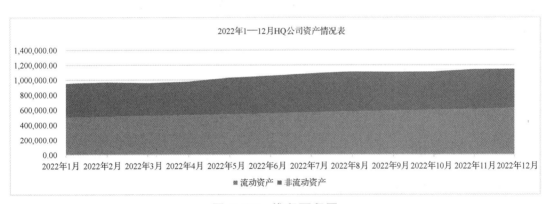

图 5-37　堆积面积图

4．曲面图

曲面图实际上是折线图和面积图的另一种形式，以平面显示数据的变化情况和趋势。曲面图非常适用于找出两组数据之间的最佳组合。

Excel 提供了三维曲面图、三维曲面图（框架图）、曲面图和曲面图（俯视框架图）四种类型，如图 5-38 所示。

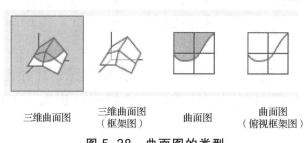

三维曲面图　　三维曲面图　　　曲面图　　　　曲面图
　　　　　　　　（框架图）　　　　　　　　　（俯视框架图）

图 5-38　曲面图的类型

使用 Excel 工作簿"2022 年 HQ 公司财务表格"中的工作表"1—12月销售毛利表"，绘制曲面图，分析 2022 年 1—12 月 HQ 公司销售收入和销售成本情况。绘制出的曲面图如图 5-39 所示。可以看出，销售成本总体为 50 万元～100 万元，而销售收入在 2022 年 8 月之前为 100 万元～150万元，9 月后上升至 150 万元～200 万元，说明 HQ 公司的销售收入总体呈增长趋势，并且销售收入的增长幅度大于销售成本的增长幅度，因此销售毛利呈增长趋势。

图 5-39　曲面图

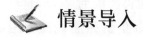

任务实训

使用工作表"2022 年 HQ 公司产品销售额"，绘制适用的图表，分析2022 年 1—12 月 HQ 公司 A、B、C 三种产品的销售情况。

任务5　结构分析可视化

✎ 情景导入

一般将构成整体的各个部分称为结构。例如一家综合企业——小熊公司，有 3 条业务线（天猫店、实体店、小程序商城）同时开展，则总业绩就由天猫店业绩、实体店业绩、小程序商城业绩三部分构成，这就是总业绩的结构。

 知识学习

结构分析，是指将一个总体分解成若干个组成部分，然后对这些组成部分逐一进行分析和优化，最终达到解决问题的目的。结构分析的应用范围非常广泛，是一种通用的解决问题的方法。结构指标是结构分析的基础，结构指标=总体中某一部分/总体总量×100%。在 Excel 中，饼图、瀑布图、树状图和旭日图都可以用于结构分析。

微课 5-6

1. 饼图

饼图以一个完整的圆表示数据对象的总体，其中的扇形表示各个组成部分。饼图展现的是部分占总体的比例，每个扇形用一种颜色进行填充。在使用时应注意：组成部分不应太多，3～5 个为宜；一般从 12 点方向开始，从大到小排列；如果要显示比例数据，应保证比例总和为 100%；饼图展现的是比例关系，不同的饼图不可轻易比较。

在 Excel 中，饼图的类型有饼图、三维饼图、复合饼图、复合条饼图、圆环图，如图 5-40 所示。

饼图　　　三维饼图　　　复合饼图　　　复合条饼图　　　圆环图

图 5-40　饼图的类型

使用 Excel 工作簿"2022 年 HQ 公司财务表格"中的工作表"1 月流动资产构成表"，绘制饼图，分析其流动资产构成。绘制结果如图 5-41 所示。可以看出，在饼图中，HQ 公司 2022 年 1 月的流动资产整体划分成现金类资产、应收款项、存货和其他类流动资产四类。其中，现金类资产包括货币资金和交易性金融资产，应收款项包括应收账款、应收账款融资、预付款项、其他应收款等，其他类流动资产是指除现金类资产、应收款项和存货以外的流动资产。注意，绘制图形时，只选中组成部分的数据，不要选中标题行和合计行。

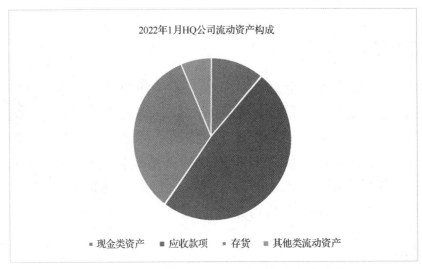

图 5-41　2022 年 1 月 HQ 公司流动资产构成

我们可以进一步设置数据标签，具体操作步骤如下。

步骤①：单击图形右上角的"+"号，选择"数据标签"命令，再在子列表中选择"更多选项"命令，如图 5-42 所示。

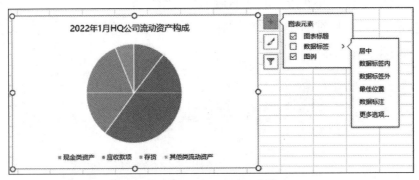

图 5-42　选择"更多选项"命令

步骤②：弹出"设置数据标签格式"窗格，在"标签选项"组中勾选"百分比"复选框，如图 5-43 所示。

步骤③：对饼图大小略作调整。图 5-44 所示为已经标注了数值和百分比的饼图。可以看出，2022 年 1 月 HQ 公司的流动资产以应收款项和存货为主，合计占比 83%，由于应收款项和存货需要耗用时间变现，所以流动资产的质量较差。

图 5-43　勾选"百分比"复选框

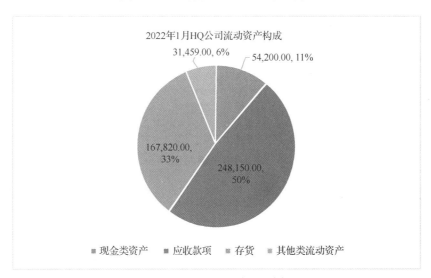

图 5-44　设置数据标签的饼图

2. 瀑布图

瀑布图，因自上而下形似瀑布而得名，根据数据的正负值来表示增加和减少，并以此调整条形，进而根据条形来表达最终数据的生成过程。使用瀑布图可以很好地反映企业经营成果和现金流量的构成变化。

以利润表为例，在应用瀑布图时，将收入类项目保持不变，成本费用类项目以负值形式表示，工作表“1 月销售利润简表”的数据如图 5-45 所示。

项目	金额
销售收入	1,113,840.00
销售成本	-713,948.00
税金及附加	-9,656.57
销售费用	-54,316.03
管理费用	-91,747.08
财务费用	-32,417.05
研发费用	-47,058.75

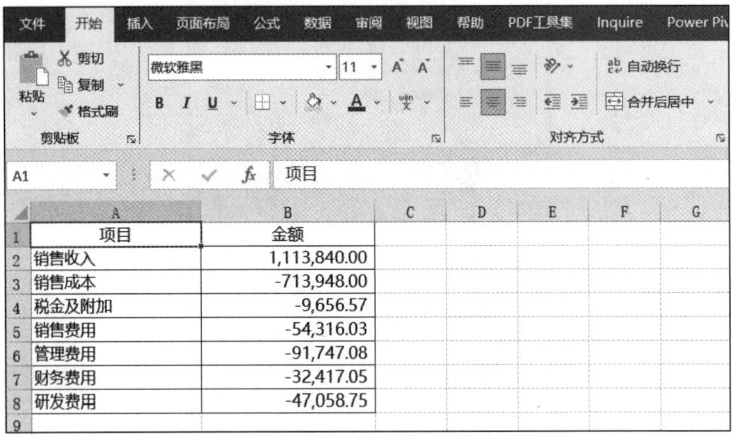

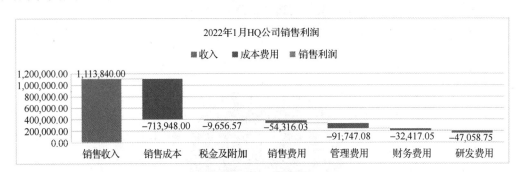

图 5-45　瀑布图数据表

使用工作表“1 月销售利润简表”绘制的瀑布图如图 5-46 所示。收入和成本费用之间的差额即为销售利润，为正值。

图 5-46　瀑布图

3. 树状图

树状图提供数据的分层视图，树分支表示为矩形，每个子分支显示为更小的矩形。树状图用于比较层次结构内的数据相对大小。

使用 Excel 工作簿“2023 年 1 月 HQ 公司销售额”中的工作表“省级行政区销售额”，绘制树状图，分析 2023 年 1 月公司在国内不同区域的销售情况，结果如图 5-47 所示。可以看出，东北地区的销售额最高，西北地区的销售额最低。在东北地区，吉林省的销售额最高，也是全部省份中最高的。

图 5-47　树状图

4．旭日图

旭日图，也叫太阳图，主要用于分层数据。旭日图的外形很像饼图，但是饼图无法展示数据的层级结构，旭日图却可以展示多层数据结构。

使用 Excel 工作簿"2023 年 1 月 HQ 公司销售额"中的工作表"店铺销售额"，绘制旭日图，结果如图 5-48 所示。可以看出，东北地区的销售额最高，其中吉林省长春市店铺做出了最多贡献，华东地区山东省淄博市店铺的销售额最低。

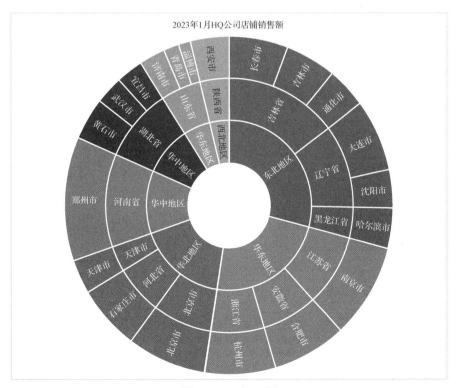

图 5-48　旭日图

任务实训

使用 Excel 工作簿"2022 年 HQ 公司财务表格"中的工作表"1—12月销售毛利表"，分析 2022 年 HQ 公司的销售毛利结构。

思维导图

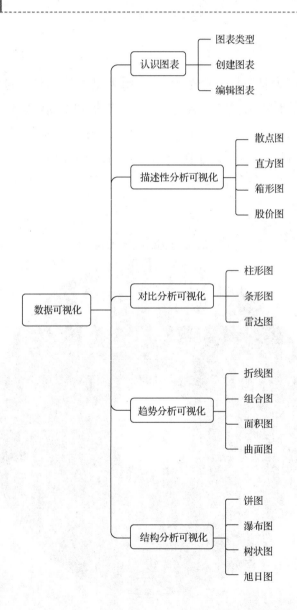

巩固提升

1. 理论夯实

（1）单选题

① 在下列图表中，（　　）更适合展现排名。

    A．柱形图　　B．条形图　　　C．散点图　　　D．树状图

② 组合图将多种图表放置在同一画布上，让观察者可以方便地比较和分析不同数据集之间的关系，可用于组合图的图表不包括（　　）。

    A．柱形图　　B．条形图　　C．折线图　　　D．散点图

③（　　）主要描绘股票价格走势，也用于描绘其他数据变化，如每天气温变化。

    A．股价图　　B．旭日图　　C．环形图　　　D．直方图

（2）多选题

① 图表由（　　）等基本组成部分构成。

    A．图表区　　　　　　　B．坐标轴

    C．标题　　　　　　　　D．数据标签和图例

② 箱形图可以展现数据的（　　）。

    A．最大值　　B．均值　　C．中位数　　D．最小值

③ Excel 中提供的面积图有（　　）。

    A．面积图　　　　　　　B．堆积面积图

    C．百分比堆积面积图　　D．簇状面积图

（3）判断题

① 当类别和数据标签都是数值时，可以使用曲面图。（　　　）

② 饼图展示了数据的层级结构。（　　　）

③ 面积图可以通过面积反映总体数据的变化趋势。（　　　）

2. 实践操作

使用 Excel 工作表"1—12 月销售净利率表"，选择适宜的图表，进行以下分析。

① 分析 2022 年 1—12 月 HQ 公司销售净利率的变化趋势。

② 分析 2022 年 12 月三家公司的销售净利率。

学习评价

序号	学生自评			小组互评			教师评价		
	★★★	★★	★	★★★	★★	★	★★★	★★	★
任务 1									
任务 2									
任务 3									
任务 4									
任务 5									

项目六

数据可视化看板

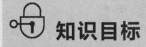

知识目标

熟悉制作数据可视化看板的流程

能力目标

具备自行设计和制作数据可视化看板的能力

素质目标

具有大数据思维，勇于迎接财务大数据带来的财务行业变化

情景导入

数据可视化看板（简称"可视化看板"）的现代感和科技感很强。可视化看板不仅是门面工程，而且可以通过简明扼要的数据可视化展现，直观反映出企业业务变化；通过数据驱动建议的方式，快速清晰地发现问题、帮助企业实现业务快速增长，是对企业业务成长有重大助推力的有用工具。

微课 6-1

本项目使用 2018 年至 2022 年格力电器的资产负债表数据和利润表数据，制作可视化看板，对格力电器的财务状况和经营成果进行分析。

知识学习

1. 获取数据

登录和讯网，获取 2018 年至 2022 年格力电器的资产负债表数据，操作步骤如下。

步骤①：在和讯网搜索"格力电器"，如图 6-1 所示。

图 6-1 搜索"格力电器"

步骤②：在格力电器主界面，选择"财务数据"下的"资产负债"命令，如图 6-2 所示。

步骤③：在格力电器资产负债界面，单击"全部会计年度"按钮，在打开的下拉列表中选择"18 年年度"，如图 6-3 所示。

图 6-2　选择"资产负债"命令

图 6-3　选择"18 年年度"

财务数据分析（微课版）

步骤④：弹出 2018 年格力电器资产负债表数据，复制网址，如图 6-4 所示。

图 6-4　复制网址

步骤⑤：新建一个空白的 Excel 工作簿，命名为"2018 年至 2022 年格力电器财务报表"，将工作表"Sheet1"重命名为"资产负债表"。

步骤⑥：在工作表"资产负债表"中，单击"数据"选项卡下"获取外部数据"组中的"自 Web"按钮，获取网页上的数据，并删除不需要的信息、进行简单的格式整理，如图 6-5 所示。

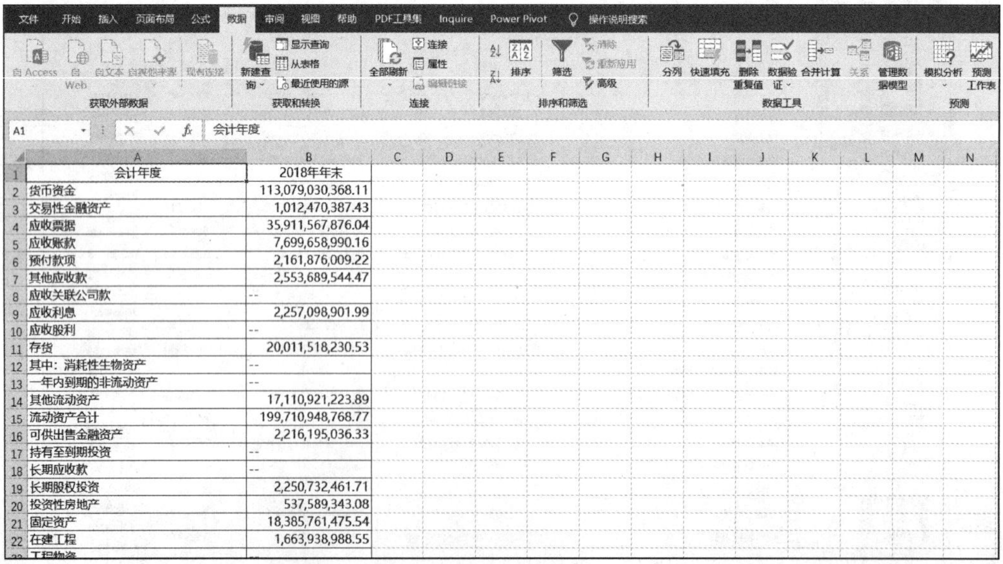

图 6-5　获取 2018 年资产负债表数据

步骤⑦：在工作表"资产负债表"中，重复步骤③～⑥的操作，获取格力电器 2018 年至 2022 年的资产负债表数据，五年的资产负债表数据如图 6-6 所示。

图 6-6　五年的资产负债表数据

步骤⑧：整理表格，去除相同列字段，结果如图 6-7 所示。

会计年度	2018年年末	2019年年末	2020年年末	2021年年末	2022年年末
货币资金	113,079,030,368.11	125,400,715,267.64	136,413,143,859.81	116,939,298,776.87	157,484,332,251.39
交易性金融资产	1,012,470,387.43	955,208,583.58	370,820,500.00	--	3,867,203,363.52
应收票据	35,911,567,876.04				6,818,428.95
应收账款	7,699,658,990.16	8,513,334,545.08	8,738,230,905.44	13,840,898,802.76	14,824,742,623.45
预付款项	2,161,876,009.22	2,395,610,555.26	3,129,202,003.24	4,591,886,517.34	2,344,668,845.48
其他应收款	2,553,689,544.47	159,134,399.10	147,338,547.86	334,161,870.18	804,277,958.80
应收关联公司款	--				
应收利息	2,257,098,901.99				
应收股利				615115.33	1260498.66
存货	20,011,518,230.53	24,084,854,064.29	27,879,505,159.39	42,765,598,328.01	38,314,176,763.90
其中：消耗性生物资产	--				
一年内到期的非流动资产	--	445397710.4	--	11033571933	3314191633
其他流动资产	17,110,921,223.89	23,091,144,216.68	15,617,301,913.87	9,382,177,587.07	4,704,576,940.64
流动资产合计	199,710,948,768.77	213,364,040,964.83	213,632,987,164.66	225,849,652,179.18	255,140,038,972.46
可供出售金融资产	2,216,195,036.33				
持有至到期投资					
长期应收款				2419031.07	116084973.5
长期股权投资	--	2,250,732,461.71	7,064,186,161.29	8,119,841,062.14	10,337,008,014.57	5,892,290,568.81
投资性房地产	537,589,343.08	498,648,691.85	463,420,861.39	454,854,822.63	634,689,201.98
固定资产	18,385,761,475.54	19,121,930,757.04	18,990,525,087.94	31,188,726,142.99	33,817,019,391.36
在建工程	1,663,938,988.55	2,431,051,409.94	4,016,082,730.07	6,481,236,333.38	5,966,678,892.16
工程物资					

图 6-7　资产负债表

新建 Excel 工作表"利润表"，用同样的方式，获取 2018 年至 2022 年格力电器利润表，如图 6-8 所示。

会计年度	2018年	2019年	2020年	2021年	2022年
一、营业收入	198,123,177,056.84	198,153,027,540.35	168,199,204,404.53	187,868,874,892.71	188,988,382,706.68
减：营业成本	138,234,167,710.13	143,499,372,581.36	124,229,033,680.92	142,251,638,589.87	139,784,387,882.78
营业税金及附加	1,741,892,704.57	1,542,983,748.63	964,600,693.81	1,076,664,461.78	1,612,243,409.40
销售费用	18,899,578,046.25	18,309,812,188.35	13,043,241,798.27	11,581,735,617.31	11,285,451,112.27
管理费用	4,365,850,083.19	3,795,645,600.08	3,603,782,803.64	4,051,241,003.05	5,267,999,733.62
勘探费用					
财务费用	-948,201,396.74	-2,426,643,429.91	-1,937,504,660.07	-2,260,201,997.18	-2,206,764,591.65
资产减值损失	261,674,177.33	--			
加：公允价值变动净收益	46,257,424.83	228,264,067.88	200,153,472.05	-58,130,545.10	-343,575,705.11
投资收益	106,768,935.01	-226,634,780.62	713,010,071.67	522,063,222.58	86,883,941.74
其中：对联营企业和合营企业的投资收益	560,513.87	-20,983,248.83	35,314,343.21	51,594,928.82	-3,324,287.24
影响营业利润的其他科目					
二、营业利润	30,996,884,691.88	29,605,107,122.40	26,043,517,837.70	26,677,365,292.00	27,284,097,086.18
加：补贴收入					
营业外收入	317,857,733.42	345,706,663.13	287,160,721.97	154,321,776.87	59,810,331.36
减：营业外支出	41,234,701.05	598,106,556.83	21,741,130.88	28,449,570.30	126,522,574.93
其中：非流动资产处置净损失	--				
加：影响利润总额的其他科目	--				
三、利润总额	31,273,507,724.25	29,352,707,228.70	26,308,937,428.79	26,803,237,498.57	27,217,384,842.61
减：所得税	4,894,477,907.19	4,525,463,624.73	4,029,695,233.52	3,971,343,865.68	4,206,040,489.50
加：影响净利润的其他科目	--				
四、净利润	26,379,029,817.06	24,827,243,603.97	22,279,242,195.27	22,831,893,632.89	23,011,344,353.11
归属于母公司所有者的净利润	26,202,787,681.42	24,696,641,368.84	22,175,108,137.32	23,063,732,372.62	24,506,623,782.46
少数股东损益	176,242,135.64	130,602,235.13	104,134,057.95	-231,838,739.73	-1,495,279,429.35
五、每股收益					

图 6-8　利润表

2．清洗数据

（1）清洗资产负债表数据

针对资产负债表，按以下步骤进行数据清洗。

步骤①：删除 2018 年至 2022 年均没有数据的行。

步骤②：单击"开始"选项卡下"编辑"组中的"查找和选择"按钮，在下拉列表中选择"替换"选项，打开"查找和替换"对话框，将工作表中的"--"用"0"替换，如图 6-9 所示。

图 6-9　替换"--"为"0"

步骤③：选中数据区域，将数据的类型修改为数值型，如图 6-10 所示。

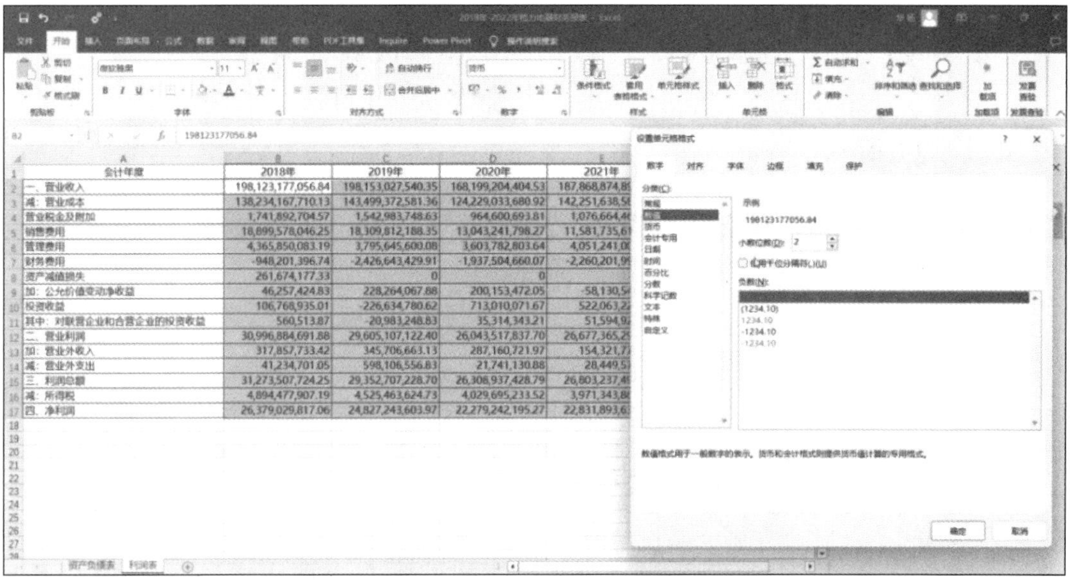

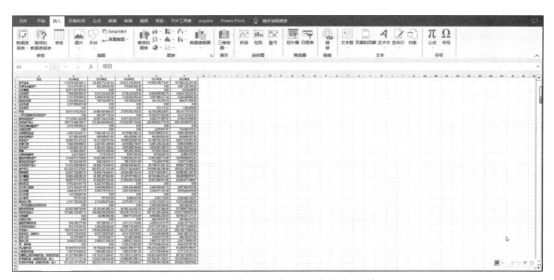

图 6-10　更改数据类型

步骤④：将字段名"会计年度"重命名为"项目"，清洗完成后的资产负债表如图 6-11 所示。

图 6-11　清洗完成后的资产负债表

（2）清洗利润表数据

针对利润表，按以下步骤进行数据清洗。

步骤①：删除在 2018 年至 2022 年均没有数据的行。

步骤②：删除净利润以后的行。

步骤③：将利润表中的"--"用"0"替换。

步骤④：选中数据区域，将数据的类型修改为数值型。

步骤⑤：将字段名"会计年度"重命名为"项目"，清洗完成后的利润表如图 6-12 所示。

项目	2018年	2019年	2020年	2021年	2022年
一、营业收入	198,123,177,056.84	198,153,027,540.35	168,199,204,404.53	187,868,874,892.71	188,988,382,706.68
减：营业成本	138,234,167,710.13	143,499,372,581.36	124,229,033,680.92	142,251,638,589.87	139,784,387,882.78
营业税金及附加	1,741,892,704.57	1,542,983,748.63	964,600,693.81	1,076,664,461.78	1,612,243,409.40
销售费用	18,899,578,046.25	18,309,812,188.35	13,043,241,798.27	11,581,735,617.31	11,285,451,112.27
管理费用	4,365,850,083.19	3,795,645,600.08	3,603,782,803.64	4,051,241,003.05	5,267,999,733.62
财务费用	-948,201,396.74	-2,426,643,429.91	-1,937,504,660.07	-2,260,201,997.18	-2,206,764,591.65
资产减值损失	261,674,177.33	0.00	0.00	0.00	0.00
加：公允价值变动净收益	46,257,424.83	228,264,067.88	200,153,472.05	-58,130,545.10	-343,575,705.11
投资收益	106,768,935.01	-226,634,780.62	713,010,071.67	522,063,222.58	86,883,941.74
其中：对联营企业和合营企业的投资收益	560,513.87	-20,983,248.83	35,314,343.21	51,594,928.82	-3,324,287.24
二、营业利润	30,996,884,691.88	29,605,107,122.40	26,043,517,837.70	26,677,365,292.00	27,284,097,086.18
营业外收入	317,857,733.42	345,706,663.13	287,160,721.97	154,321,776.87	59,810,331.36
减：营业外支出	41,234,701.05	598,106,556.83	21,741,130.88	28,449,570.30	126,522,574.93
三、利润总额	31,273,507,724.25	29,352,707,228.70	26,308,937,428.79	26,803,237,498.57	27,217,384,842.61
减：所得税	4,894,477,907.19	4,525,463,624.73	4,029,695,233.52	3,971,343,865.68	4,206,040,489.50
四、净利润	26,379,029,817.06	24,827,243,603.97	22,279,242,195.27	22,831,893,632.89	23,011,344,353.11

图 6-12　清洗完成后的利润表

步骤⑥：为便于绘制图表与数据分析，新增"类别"列，将利润表项目划分为"收入类""成本费用类""利润类"三类，如图 6-13 所示。

类别	项目	2018年	2019年	2020年	2021年	2022年
收入类	营业收入	198,123,177,056.84	198,153,027,540.35	168,199,204,404.53	187,868,874,892.71	188,988,382,706.68
收入类	公允价值变动净收益	46,257,424.83	228,264,067.88	200,153,472.05	-58,130,545.10	-343,575,705.11
收入类	投资收益	106,768,935.01	-226,634,780.62	713,010,071.67	522,063,222.58	86,883,941.74
收入类	营业外收入	317,857,733.42	345,706,663.13	287,160,721.97	154,321,776.87	59,810,331.36
成本费用类	营业成本	138,234,167,710.13	143,499,372,581.36	124,229,033,680.92	142,251,638,589.87	139,784,387,882.78
成本费用类	营业税金及附加	1,741,892,704.57	1,542,983,748.63	964,600,693.81	1,076,664,461.78	1,612,243,409.40
成本费用类	销售费用	18,899,578,046.25	18,309,812,188.35	13,043,241,798.27	11,581,735,617.31	11,285,451,112.27
成本费用类	管理费用	4,365,850,083.19	3,795,645,600.08	3,603,782,803.64	4,051,241,003.05	5,267,999,733.62
成本费用类	财务费用	-948,201,396.74	-2,426,643,429.91	-1,937,504,660.07	-2,260,201,997.18	-2,206,764,591.65
成本费用类	资产减值损失	261,674,177.33	0.00	0.00	0.00	0.00
成本费用类	营业外支出	41,234,701.05	598,106,556.83	21,741,130.88	28,449,570.30	126,522,574.93
成本费用类	所得税	4,894,477,907.19	4,525,463,624.73	4,029,695,233.52	3,971,343,865.68	4,206,040,489.50
利润类	营业利润	30,996,884,691.88	29,605,107,122.40	26,043,517,837.70	26,677,365,292.00	27,284,097,086.18
利润类	利润总额	31,273,507,724.25	29,352,707,228.70	26,308,937,428.79	26,803,237,498.57	27,217,384,842.61
利润类	净利润	26,379,029,817.06	24,827,243,603.97	22,279,242,195.27	22,831,893,632.89	23,011,344,353.11

图 6-13　增设类别

3. 准备制作可视化看板的数据表

新建工作表"数据表",用于存储制作可视化看板的数据。

(1) 2018 年至 2022 年格力电器财务状况分析数据表

分析 2018 年至 2022 年格力电器的财务状况,可以从以下几个角度进行。

① 资产结构分析。

流动资产率=流动资产/资产×100%。一般来说,若流动资产率>50%,则判断公司资产结构为保守型资产结构。在这种资产结构下,若公司资产流动性较好,也就意味着公司所承担的风险较低,但因为收益水平较高的非流动资产比重较小,公司的盈利水平同时也较低。因此,在保守型资产结构下,公司的风险和收益水平都较低。反之,若流动资产率<50%,则判断公司资产结构为激进型资产结构,表明公司的风险和收益水平都较高。

新建数据表"资产结构表",计算流动资产率,分析 2018 年至 2022 年格力电器资产的流动性,如图 6-14 所示。

项目	2018年年末	2019年年末	2020年年末	2021年年末	2022年年末
流动资产	199,710,948,768.77	213,364,040,964.83	213,632,987,164.66	225,849,652,179.18	255,140,038,972.46
非流动资产	51,523,208,508.04	69,608,116,450.45	65,584,936,463.61	93,748,531,601.20	99,884,719,906.36
资产	251,234,157,276.81	282,972,157,415.28	279,217,923,628.27	319,598,183,780.38	355,024,758,878.82
流动资产率	79.49%	75.40%	76.51%	70.67%	71.87%

图 6-14 资产结构表

此时,该表格是二维表,将其转置为一维表,并增加表标题,结果如图 6-15 所示。

② 流动资产质量分析。

构成流动资产的各项目,流动性差别很大。其中,货币资金、交易性金融资产和各种应收款项,可以在较短时间内变现,而存货、一年内到期的非流动资产和其他流动资产等,变现能力较弱。将格力电器的流动资产划分为以下四类:现金类资产(库存现金、银行存款和其他货币资金)、应收款项(应收票据、应收账款、预付款项、其他应收款、应收利息、应收股利)、存货、其他类流动资产(一年内到期的非流动资产、其他流动资产)。

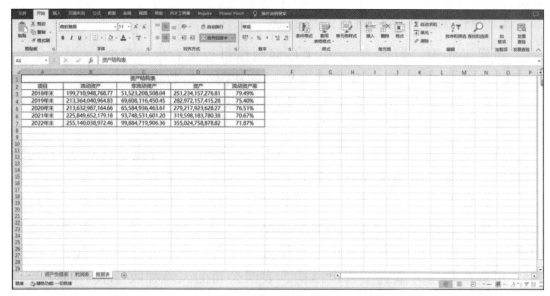

图 6-15 转置数据表

新建数据表"流动资产构成表"，分析 2018 年至 2022 年格力电器各项流动资产的构成比例，以便判断流动资产的质量，如图 6-16 所示。

9	流动资产构成表			
10	项目	现金类资产	应收款项	存货	其他类流动资产
11	2018年年末	114,091,500,755.54	50,583,891,321.88	20,011,518,230.53	17,110,921,223.89
12	2019年年末	126,355,923,851.22	11,068,079,499.44	24,084,854,064.29	23,536,541,927.07
13	2020年年末	136,783,964,359.81	12,014,771,456.54	27,879,505,159.39	15,617,301,913.87
14	2021年年末	116,939,298,776.87	18,767,562,305.61	42,765,598,328.01	20,415,749,519.67
15	2022年年末	161,351,535,614.91	17,981,768,355.34	38,314,176,763.90	8,018,768,573.83

图 6-16 流动资产构成表

③ 权益结构分析。

公司权益资金有两种来源：一是债务资金，即负债，未来需要公司在既定时间内偿还；二是自有资金，即所有者权益，包括公司股东投入的资金（实收资本、资本公积）及通过公司经营活动产生的资金积累（盈余公积、未分配利润等），未来不需要偿还，按照公司盈利情况分配股利。

产权比率=负债/所有者权益，可用于判定公司债务风险的大小。如果产权比率>1，说明公司以债务资金为主，反之，以自有资金为主。当债务资金较多时，公司未来偿还债务的压力就较大。

新建数据表"权益结构表"，分析 2018 年至 2022 年格力电器权益资金的来源，以判断公司未来的偿债能力，如图 6-17 所示。

17	权益结构表			
18	项目	负债	所有者权益	产权比率
19	2018年年末	158,519,445,549.35	92,714,711,727.46	1.71
20	2019年年末	170,924,500,892.20	112,047,656,523.08	1.53
21	2020年年末	162,337,436,540.13	116,880,487,088.14	1.39
22	2021年年末	211,672,732,613.87	107,925,451,166.51	1.96
23	2022年年末	253,148,710,864.63	101,876,048,014.19	2.48

图 6-17　权益结构表

④ 资产成长性分析。

资产是公司用于取得收入的资源，也是公司偿还债务的保障。一般情况下，从总资产的金额看公司规模，从资产的同比增长情况看公司的成长性。总资产增长率=（本年末总资产金额–上年末总资产金额）/上年末总资产金额×100%。总资产增长率越高，表明公司在一个经营周期内资产经营规模扩张的速度越快。

新建数据表"资产成长性分析表"，分析 2018 年至 2022 年格力电器总资产数量的增长情况和总资产增长速度的快慢，如图 6-18 所示。应注意的是，需要到和讯网查找格力电器 2017 年年末资产总额数据。2017 年年末格力电器资产总额为 214 967 999 328.38 元。

26	资产成长性分析表		
27	项目	资产总计	总资产增长率
28	2018年年末	251,234,157,276.81	16.87%
29	2019年年末	282,972,157,415.28	12.63%
30	2020年年末	279,217,923,628.27	-1.33%
31	2021年年末	319,598,183,780.38	14.46%
32	2022年年末	355,024,758,878.82	11.08%

图 6-18　资产成长性分析表

（2）2018 年至 2022 年格力电器经营成果分析数据表

① 收入结构分析。

公司收入的来源有多种，一是生产营业活动产生的营业收入，二是对外投资活动取得的投资收益和公允价值变动收益，三是非日常活动形成的营业外收入。一般来说，公司营业收入占比越高，说明公司对生产经营活动的重视程度越高，公司主业越突出。

新建数据表"收入结构分析表"，分析 2018 年至 2022 年格力电器不同营业收入项目构成。

② 盈利能力分析。

盈利能力，是指公司在一定时期内赚取利润的能力，可以使用营业净利率衡量公司的盈利能力。营业净利率=净利润/营业收入×100%，营业净利率越高，公司的盈利能力就越强。对公司经营者来讲，通过对盈利能力分析，可以发现经营管理环节出现的问题。

新建数据表"盈利能力分析表"，分析 2018 年至 2022 年格力电器的盈利能力。为便于分析，可到和讯网查找 2018 年至 2022 年美的集团的相同指标对应的数据。

③ 营运能力分析。

营运能力，是指公司的经营运行能力，即公司运用各项资产以赚取利润的能力，可以使用总资产周转率衡量。总资产周转率=营业收入/总资产平均余额×100%，总资产平均余额=（期初资产总额+期末资产总额）/2。总资产周转率越大，说明公司营运能力越强；总资产周转率越小，说明公司没有充分利用已有的资产或者存在多余的、闲置的资产，公司应该提高各项资产的利用效率，处置多余的、闲置的资产。

新建数据表"营运能力分析表"，分析 2018 年至 2022 年格力电器的营运能力。为便于分析，可到和讯网查找 2018 年至 2022 年美的集团的相同指标对应的数据。

④ 净利润成长性分析。

净利润，是指利润总额减所得税后的余额，是当年实现的可供股东分配的净收益，也称为税后利润。它是一个公司经营的最终成果，净利润多，公司的经营效益就好；净利润少，公司的经营效益就差。可以使用净利润增长率衡量公司净利润成长性。净利润增长率是指公司本年净利润与上年净利润相比的增长幅度，指标值越大，代表净利润增长越快，计算公式为：净利润增长率=（本年净利润−上年净利润）/上年净利润×100%。

新建数据表"净利润成长性分析表"，分析 2018 年至 2022 年格力电器净利润的增长情况和净利润增长的速度。注意，需要到和讯网查找 2017 年格力电器的净利润，金额为 22 508 599 044.09 元。

至此，新建了 8 个数据表，如图 6-19 所示。

4. 制作数据透视表

以上面的数据表为基础新建数据透视表，结果如图 6-20 所示。

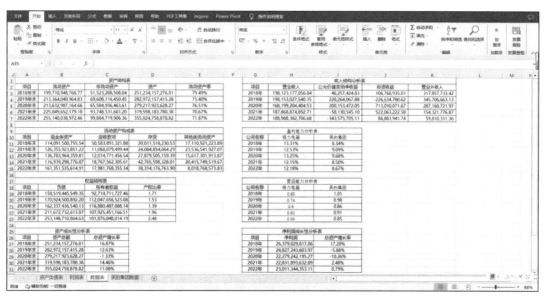

图 6-19　数据表

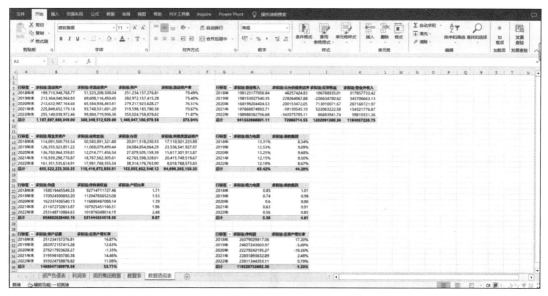

图 6-20　数据透视表

5. 制作可视化看板

简单来讲，可视化看板包括背景、标题及各种类型的图表。

（1）设置背景和标题

步骤①：新建工作表"财务状况可视化看板"。

步骤②：选择适宜的区域，将背景色填充为"蓝色，个性色 1，深色 50%"。

步骤③:将填充区域的第一行合并后居中,设置标题为"2018年至2022年格力电器财务状况",设置字符格式为思源黑体、12号字体、加粗。

设置完成后如图6-21所示。

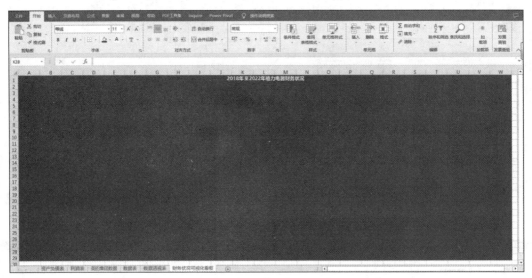

图6-21 设置背景和标题

（2）制作数据透视图并移动至可视化看板

① 财务状况可视化看板。

使用反映格力电器财务状况的数据透视表新建数据透视图,并移动到工作表"财务状况可视化看板",结果如图6-22所示。

图6-22 财务状况可视化看板

通过财务状况可视化看板可知：2018 年至 2022 年，格力电器的流动资产率>50%，其资产结构属于保守型资产结构；流动资产以现金类资产为主，流动资产质量高；债务资金相对较多，自有资金相对较少，面临一定的偿债压力；2018 年至 2020 年资产总额下降，总资产增长率降低，随后资产总额上升，总资产增长率提高。

② 经营成果可视化看板。

使用反映格力电器经营成果的数据透视表新建数据透视图，并移动到新建的工作表"经营成果可视化看板"中，结果如图 6-23 所示。

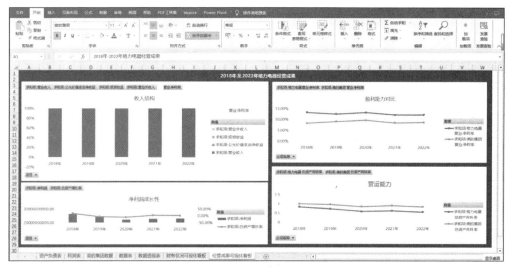

图 6-23　经营成果可视化看板

通过经营成果可视化看板可知：2018 年至 2022 年，格力电器的收入以营业收入为主，盈利能力强于美的集团，营运能力弱于美的集团；2018 年至 2020 年，净利润减少，总资产增长率持续下降，2020 年至 2022 年净利润缓慢增长。

学习评价

学生自评			小组互评			教师评价		
★★★	★★	★	★★★	★★	★	★★★	★★	★

参考文献

[1] 花强，张良均. Excel 数据分析基础与实战[M]. 北京：人民邮电出版社，2021.

[2] 赵萍. Excel 财务数据分析与可视化（微课版）[M]. 北京：人民邮电出版社，2022.

[3] 郑小玲，王静奕. Excel 数据处理与分析实例教程（微课版）[M]. 3版. 北京：人民邮电出版社，2022.

[4] 王戈弋. 财务数据分析（Excel 版）[M]. 北京：中国财政经济出版社，2023.